JIANGSU ZHISHI CHANQUAN
SHILI ZHUANGKUANG BAOGAO
★2024★

江苏知识产权实力状况报告

2024

江苏省知识产权研究会 组织编写

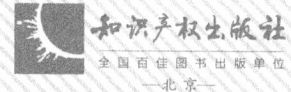

图书在版编目（CIP）数据

江苏知识产权实力状况报告 . 2024 / 江苏省知识产权研究会组织编写 . -- 北京：知识产权出版社 , 2025. 9. -- ISBN 978-7-5245-0082-7

Ⅰ . D927.530.340.4

中国国家版本馆 CIP 数据核字第 2025HE6523 号

内容提要

本书构建了由 4 个一级指标、10 个二级指标和 38 个三级指标组成的江苏省知识产权实力指标体系，旨在通过对江苏省各设区市知识产权状况的监测与分析，推动知识产权强省建设和江苏省产业高质量发展。

本书可作为知识产权理论和政策研究人员、实务工作者及相关社会公众的参考读物。

责任编辑：苑　菲　　　　　　　　责任印制：孙婷婷

江苏知识产权实力状况报告 2024

江苏省知识产权研究会　组织编写

出版发行：知识产权出版社 有限责任公司	网　　址：http://www.ipph.cn
电　　话：010-82004826	http://www.laichushu.com
社　　址：北京市海淀区气象路50号院	邮　　编：100081
责编电话：010-82000860转8769	责编邮箱：laichushu@cnipr.com
发行电话：010-82000860转8101	发行传真：010-82000893
印　　刷：北京中献拓方科技发展有限公司	经　　销：新华书店、各大网上书店及相关专业书店
开　　本：787mm×1092mm　1/16	印　　张：8.75
版　　次：2025年9月第1版	印　　次：2025年9月第1次印刷
字　　数：120千字	定　　价：38.00元
ISBN 978-7-5245-0082-7	

出版权专有　侵权必究

如有印装质量问题，本社负责调换。

编委会

主　编：李　杰
副主编：施　蔚　赵　旗　张传博
编写人员：李晓飞　薛　莲　黄　敏
　　　　　　诸　琳　龚跃鹏　张　浩
　　　　　　王亚利
数据支持：国家知识产权局
　　　　　　江苏省知识产权局
　　　　　　江苏省知识产权保护中心（江苏省专利信息服务中心）

前　言

党的十八大以来，党中央、国务院对知识产权作出了一系列重大决策和部署，出台了一系列政策，推动我国知识产权事业取得了历史性成就。2020年，中共中央政治局就加强我国知识产权保护工作举行第二十五次集体学习，习近平总书记主持学习并发表重要讲话，为新时代全面加强我国知识产权保护工作提供了根本遵循和行动指南，具有重大的政治意义、时代意义、理论意义、战略意义和实践指导意义。江苏省委、省政府制定《关于强化知识产权保护的实施意见》及分工方案，将专利质量纳入江苏省高质量发展考核指标体系，将知识产权保护绩效纳入营商环境评价指标，对贯彻落实国家有关文件精神、强化江苏省知识产权保护工作作出了全面部署。

随着我国经济社会发展水平不断提高，创新驱动发展已经成为经济发展的核心动力，知识产权在经济社会发展中的重要性日益凸显。江苏省知识产权研究会自2014年开始编制《江苏专利实力指数报告》《江苏知识产权实力状况报告》等书，并持续对外发布，一直致力于将统计学分析方法引入知识产权数据挖掘中，力争揭示影响地区知识产权实力差异的各类因素，为知识产权理论和政策研究人员、实务工作者及相关社会公众提供尽可能翔实、客观的数据和结论。《江苏知识产权实力状况报告2024》旨在通过对江苏省各设区市知识产权状况的监测与分析，推动知识产权强省建设和江苏省产业高质量发展。本书构建了由4个一级指标、10个二级指标和38个三级指标组成的江苏省知识产权实力指标体系。通过测算，江苏省13个设区市知识产权实力呈现"苏南❶高、苏北❷低"的特征，知识产权实力前三位依次是南京市、苏州市和南通市。

《江苏知识产权实力状况报告2024》是多方支持与合作的成果，本书在指标体系构建、数据获取方面获得了国家知识产权局、江苏省知识产权局、江苏省知识产权保护中心及江苏省统计局等单位的大力支持，在此一并致谢。由于时间有限，本书难免存在疏漏与不足，恳请社会各界提出宝贵意见。

江苏省知识产权研究会

2025年2月

---

❶ 苏南是江苏省南部地区的简称，包括南京、苏州、无锡、常州、镇江5个设区市。

❷ 苏北是江苏省北部地区的简称，包括徐州、连云港、宿迁、淮安、盐城5个设区市。

目　录

第一章　绪　　论 1

　一、指数报告编制背景及意义 1

　二、国内外相关研究现状 2

第二章　理论基础 4

　一、自主知识产权理论 4

　二、区域经济理论 5

　三、自主创新发展理论 7

　四、指标权重确定及指数计算 8

第三章　江苏省知识产权实力综述与分析 20

　一、江苏省知识产权实力综述 20

　二、江苏省及各设区市重点产业专利实力分析 25

　三、江苏省知识产权实力分析 27

第四章　地区知识产权实力分析 ··· 30

　　一、地区知识产权实力一级指标分析 ······································ 30

　　二、地区知识产权实力二级指标分析 ······································ 32

　　三、地区知识产权实力三级指标分析 ······································ 38

第五章　地区知识产权实力分项指标分析 ································ 56

　　一、南京市知识产权实力分项指标分析 ···································· 56

　　二、无锡市知识产权实力分项指标分析 ···································· 61

　　三、徐州市知识产权实力分项指标分析 ···································· 65

　　四、常州市知识产权实力分项指标分析 ···································· 70

　　五、苏州市知识产权实力分项指标分析 ···································· 75

　　六、南通市知识产权实力分项指标分析 ···································· 80

　　七、连云港市知识产权实力分项指标分析 ································ 85

　　八、淮安市知识产权实力分项指标分析 ···································· 90

　　九、盐城市知识产权实力分项指标分析 ···································· 95

　　十、扬州市知识产权实力分项指标分析 ·································· 100

　　十一、镇江市知识产权实力分项指标分析 ······························ 105

　　十二、泰州市知识产权实力分项指标分析 ······························ 110

　　十三、宿迁市知识产权实力分项指标分析 ······························ 115

附　录 ··· 121

　　一、指标体系结构 ·· 121

　　二、指标解释 ··· 123

表 目 录

表 2-1 比率标度表 ·· 9

表 2-2 最高层判断矩阵 ·· 12

表 2-3 中间层-知识产权创造的判断矩阵 ···································· 12

表 2-4 中间层-知识产权运用的判断矩阵 ···································· 12

表 2-5 中间层-知识产权保护的判断矩阵 ···································· 12

表 2-6 中间层-知识产权环境的判断矩阵 ···································· 13

表 2-7 最低层-知识产权创造数量的判断矩阵 ···························· 13

表 2-8 最低层-知识产权创造质量的判断矩阵 ···························· 13

表 2-9 最低层-知识产权创造效率的判断矩阵 ···························· 14

表 2-10 最低层-知识产权运用数量的判断矩阵 ·························· 15

表 2-11 最低层-知识产权运用效果的判断矩阵 ·························· 15

表 2-12 最低层-知识产权行政执法的判断矩阵 ·························· 15

表 2-13 最低层-知识产权维权援助的判断矩阵 ·························· 16

表 2-14 最低层-知识产权环境管理的判断矩阵 ·························· 16

表 2-15 最低层-知识产权环境服务的判断矩阵 ·························· 16

表 2-16　最低层 – 知识产权环境人才的判断矩阵 ························ 17
表 2-17　江苏省知识产权实力指标体系 ·································· 17
表 3-1　2023 年江苏地区知识产权实力指数 ···························· 27
表 3-2　2023 年南京市、宿迁市知识产权实力指数比较 ················ 28
表 4-1　2023 年江苏地区知识产权实力及其一级指标 ·················· 31
表 4-2　2023 年江苏知识产权创造及其二级指标 ······················· 33
表 4-3　2023 年江苏知识产权运用及其二级指标 ······················· 34
表 4-4　2023 年江苏知识产权保护及其二级指标 ······················· 35
表 4-5　2023 年江苏知识产权环境及其二级指标 ······················· 37
表 4-6　2023 年江苏知识产权创造 – 数量及其三级指标 ··············· 40
表 4-7　2023 年江苏知识产权创造 – 质量及其三级指标 ··············· 41
表 4-8　2023 年江苏知识产权创造 – 效率及其三级指标 ··············· 43
表 4-9　2023 年江苏知识产权运用 – 数量及其三级指标 ··············· 45
表 4-10　2023 年江苏知识产权运用 – 效果及其三级指标 ············· 46
表 4-11　2023 年江苏知识产权保护 – 行政执法及其三级指标 ········ 48
表 4-12　2023 年江苏知识产权保护 – 维权援助及其三级指标 ········ 49
表 4-13　2023 年江苏知识产权环境 – 管理及其三级指标 ············· 52
表 4-14　2023 年江苏知识产权环境 – 服务及其三级指标 ············· 53
表 4-15　2023 年江苏知识产权环境 – 人才及其三级指标 ············· 54
表 5-1　南京市知识产权实力分项指标指数 ····························· 58
表 5-2　无锡市知识产权实力分项指标指数 ····························· 63
表 5-3　徐州市知识产权实力分项指标指数 ····························· 68
表 5-4　常州市知识产权实力分项指标指数 ····························· 73
表 5-5　苏州市知识产权实力分项指标指数 ····························· 78

表 5-6 南通市知识产权实力分项指标指数 ·············· 83

表 5-7 连云港市知识产权实力分项指标指数 ············ 88

表 5-8 淮安市知识产权实力分项指标指数 ·············· 92

表 5-9 盐城市知识产权实力分项指标指数 ·············· 98

表 5-10 扬州市知识产权实力分项指标指数 ············· 103

表 5-11 镇江市知识产权实力分项指标指数 ············· 108

表 5-12 泰州市知识产权实力分项指标指数 ············· 113

表 5-13 宿迁市知识产权实力分项指标指数 ············· 118

附表 1 江苏省知识产权实力指标体系 ················ 121

图 目 录

图 2-1 AHP 实施流程 ·· 9

图 3-1 2022 年江苏知识产权实力指数地区分类 ······································ 29

图 4-1 知识产权实力指标设计 ··· 30

图 4-2 知识产权创造二级指标设计 ·· 32

图 4-3 知识产权运用二级指标设计 ·· 33

图 4-4 知识产权保护二级指标设计 ·· 35

图 4-5 知识产权环境二级指标设计 ·· 36

图 4-6 知识产权创造–数量三级指标设计 ·· 38

图 4-7 知识产权创造–质量三级指标设计 ·· 39

图 4-8 知识产权创造–效率三级指标设计 ·· 42

图 4-9 知识产权运用–数量三级指标设计 ·· 44

图 4-10 知识产权运用–效果三级指标设计 ·· 45

图 4-11 知识产权保护–行政执法三级指标设计 ····································· 47

图 4-12 知识产权保护–维权援助三级指标设计 ····································· 49

图 4-13 知识产权环境–管理三级指标设计 ·· 50

图 4-14　知识产权环境 - 服务三级指标设计 …………………… 51

图 4-15　知识产权环境 - 人才三级指标设计 …………………… 54

图 5-1　2022—2023 年南京市知识产权实力一级指标指数 ………… 56

图 5-2　2022—2023 年无锡市知识产权实力一级指标指数 ………… 61

图 5-3　2022—2023 年徐州市知识产权实力一级指标指数 ………… 66

图 5-4　2022—2023 年常州市知识产权实力一级指标指数 ………… 71

图 5-5　2022—2023 年苏州市知识产权实力一级指标指数 ………… 76

图 5-6　2022—2023 年南通市知识产权实力一级指标指数 ………… 80

图 5-7　2022—2023 年连云港市知识产权实力一级指标指数 ……… 85

图 5-8　2022—2023 年淮安市知识产权实力一级指标指数 ………… 90

图 5-9　2022—2023 年盐城市知识产权实力一级指标指数 ………… 95

图 5-10　2022—2023 年扬州市知识产权实力一级指标指数 ……… 100

图 5-11　2022—2023 年镇江市知识产权实力一级指标指数 ……… 105

图 5-12　2022—2023 年泰州市知识产权实力一级指标指数 ……… 110

图 5-13　2022—2023 年宿迁市知识产权实力一级指标指数 ……… 115

第一章 绪　　论

一、指数报告编制背景及意义

2023年是全面贯彻落实党的二十大精神的开局之年，也是江苏省知识产权事业发展史上具有里程碑意义的一年，聚焦支撑创新发展，聚力优化营商环境，高质量推进"五区五高"知识产权强省建设，为中国式现代化江苏新实践开好局、起好步提供有力支撑。

为全面反映江苏省知识产权实力状况，定量分析各地区知识产权创造、运用、保护、环境等方面的发展水平，引导江苏省知识产权事业科学发展，江苏省知识产权研究会继续开展江苏省知识产权实力状况研究工作，通过对江苏省各设区市知识产权状况的监测与分析，客观评价地区知识产权发展状况，挖掘各地区知识产权发展存在差距的根源，为各级知识产权管理部门制定相关政策提供更加可靠的数据支撑，进一步提升地区知识产权实力和科技竞争力，更好地促进知识产权强省建设和江苏省产业高质量发展。

二、国内外相关研究现状

随着信息社会和知识经济的到来，知识产权的重要性日益突出。目前知识产权综合实力已成为一个国家、地区、企业及科研单位技术创新水平的重要标志。许多发达国家对知识产权的研究和利用十分重视，并已有多年的理论研究和实践经验，建立了知识产权专题数据库，不断进行深入的知识产权跟踪调查和分析。美国分别于 2012 年和 2016 年发布知识产权密集型产业专题报告，欧盟分别于 2013 年、2016 年和 2019 年发布知识产权密集型产业专题报告，以产业对经济的贡献为视角，全面评估知识产权对经济的影响，明确提出知识产权密集型产业是经济的重要支柱。美国 2016 年发布的《知识产权与美国经济：2016 年更新报告》显示，2010—2014 年，美国知识产权密集型产业增加值占 GDP 的比重由 34.8% 增长到 38.2%。欧盟 2019 年发布的《知识产权密集型产业及其在欧盟的经济表现》报告显示，2014—2016 年，欧盟知识产权密集型产业的直接就业人数达到 6 300 万人，知识产权密集型产业创造了欧盟经济总量的 45%，价值 6.6 万亿欧元。

国内学者围绕知识产权综合实力的评价，主要包括我国区域、企业、高校的知识产权综合实力评价及知识产权保护水平方面的评价。国家知识产权局的黄庆、曹津燕和刘祥等组成的课题组，在区域知识产权综合实力评价指标体系方面进行了研究，从专利数量、质量和价值三方面综合考虑，构建了一套以数量类指标表征专利关注程度，以质量类指标表征科技创新程度，以价值类指标表征专利在市场经济活动中作用的指标体系。其对我国区域的知识产权综合实力进行了评价，得出了具有一定意义的评价结果。田高良对现代企业知识产权分析与评价体系作了探讨，对知识产权占有、使用、投资、转让、投入与产出关系等情况进行了全面的分析与评价，从知识产权拥有量及其结构、知识产权投资耗费及其比重、知识产权运营能力和知识产权经济效益四个角度出发,提出知识产权综合评价指标体系。复旦大学知识产权研究中心的陆飞在对国内外有关知识产权评估进行调研的基础上,提出了我国高校知识产权业绩评估的基本原则和技术原则,制定了评估方案,提出了我国高校知识产权业绩评估指标体系。哈尔滨工业大学的王九云在论述了知识产权保护层位的定义及对知识产权保护层位进行评价的必要性、主体和原则的基础上,建立了科学的评价指标体系和评价数据模型。其在评价指标体系中引进了技术创新投入、成果指标,知识产权的管理、规范、利用、贸易、对经济发展的贡献等指标,并给出了科学的评价方法,提出了不同社会主体按高层位标准保护知识产权应采取的对策和措施。

第二章　理论基础

一、自主知识产权理论

自主知识产权是我国自 20 世纪 90 年代以来才提出的概念，是我国原创的权利形式之一，并且已成为我国非常重要的一个术语，频频出现在新闻媒体、学术刊物和政府文件中。自主知识产权理论是知识产权战略基本理论的重要内容之一，包括主动性和主导性两层含义：主动性是指知识产权权利人由自我内在驱动、不受外界环境干扰而进行技术创新；主导性是指知识产权权利人作为对知识产权的唯一支配者，享有知识产权所带来的大部分或者全部利益的权利。该理论的主要观点是运用自主创新手段，发展我国特有的知识产权理论，创造原始创新力，开发先进生产力，增强核心竞争力并形成有力支撑，从而建设创新型国家。

自主知识产权代表着一种突破性的原始创新力，它实现了从知识创新到技术创新的根本性转变，不仅可以引发一个新兴产业的诞生，还可以改变一个传统产业的发展模式。实践表明，自主知识产权作为我国发展创新型经济的原动力，是提高企业自主创新能力的加速器，也是促进企业转型升级的着力点。中国学者已经意识到自主知识产权对企业发展的重要性，有学者研究了中小企业自主知识产权的形成及其作用机理，并系统地针对推进我国中小企业自主知识产权的发展提出了相应对策，打破了关于知识产权的研究主要停留在静态层面的现状。不少学者研究得出，无论是在传统行业，还是在高新技术行业，知识产权都可以作为企业核心竞争力的基础，是提升企业竞争力中的一个重要环节。由此可见，自主知识产权作为企业的一种无形资产，对企业产生着积极影响，企业可以将多种知识产权进行整合，从而形成其自主知识产权核心竞争力。

当今世界，国家核心竞争力越来越表现为对智力资源和智慧成果的培育、配置、调控和运作，以及对知识产权的拥有和运用能力。知识产权正日益成为国家发展的战略性资源和国际竞争力的核心要素，成为建设创新型国家的重要支撑和掌握发展主动权的关键。我国正处在发展成为创新型国家的过程中，因此关注自主知识产权自身的动态发展规律，对研究我国自主知识产权的成长机制具有十分重要的意义。国家科技重大专项以掌握关乎国计民生和国家安全的关键核心技术为目标，以培育具有核心竞争力的自主知识产权为核心任务，通过多方主体共同参与研发，相关法律规制予以支持，以促进和培育重点战略性新兴产业的发展。但是，我国自主知识产权因受规模、条件等因素的影响，在保护、管理等方面仍存在一些问题，目前企业的自主知识产权状况并不乐观，更多的是停留在模仿阶段，一些基础产品和技术对外依存度高，关键环节存在"卡脖子"风险。

二、区域经济理论

区域经济理论是研究区域经济发展一般规律的理论，其旨在探究各种社会经济现象及其影响因素。学者杜能创立了农业区位理论，为区域经济的研究奠定了基础。现代区域经济学形成于20世纪50年代，由艾萨德教授所创立，艾萨德教授在杜能、韦伯、克里斯塔勒和廖什等前人理论的基础上，把成本最小化和利润最大化两大假设引入区域经济学之中，从这两个方面探讨了空间经济的均衡状态。艾萨德教授不仅将理论推导引入实践研究之中，对区域经济学作出了巨大的贡献，还构建了一系列用于区域分析的模型，对区域经济学进入主流经济学产生了深远的影响。

中国地大物博、人口众多，不同地区的自然资源差异很大，统筹区域发展一直是一个重大问题，中国的发展离不开中国区域经济的实践总结和理论提炼。中国区域经济学以马克思主义基本原理和中国特色社会主义理论为指导，以中华人民共和国成立以来，特别是改革开放以来的伟大实践为基础，将研究对象看成一个系统，抓住区域发展和协调发展两条主线，探索区域发展规律，促进区域高质量协调发展。区域经济学是一门正在不断丰富和发展的新兴学科，随着中国经济发展进入新时代，特别是进入高质量发展的新阶段，中国区域经济学将发挥越来越重要的作用。中国区域经济学反映了中国区域经济学研究者们关于中国区域经济学的概念、特点、框架结构等的基本认识，也反映了中国区域经济学理论发展现状的全貌，是中国区域经济学研究者们集体智慧的结晶。

现如今，人类社会已进入知识经济时代，在当前的国际政治经济形势下，我国正面临着双重挑战，一方面要实现全面工业化，另一方面要缩小与发达国家之间的差距。为此，必须立足于我国区域经济发展伟大实践，从经济实践中寻找灵感，更多地进行区域经济学理论的自主创新。同时，深入研究中国整体及中国各个区域的经济发展规律，这也是中国区域经济学所要研究的核心问题。

三、自主创新发展理论

自主创新是指拥有自主知识产权的独特核心技术并在此基础上实现新产品价值的过程，是结合市场需求和实际情况开展的投入、研发、转化等一系列创新活动，其关键在自主，核心在创新。自主创新发展理论认为，创新能力是企业将现有的生产要素进行重新整合而产生的新的发展能力，所谓自主创新，就是要依靠自身力量独立进行技术研发和创造。一方面，自主创新可以促使企业研发出新产品，占领新的市场，扩展经营业务的广度；另一方面，创新可以实现产品的差异化，提升科技含量与质量，形成企业的核心竞争力。

自主创新可以分为三种类型：原始创新、集成创新和在引进消化基础上的再创新。熊彼特最早对创新展开研究，他认为在激烈的市场竞争中，企业必须不断革新来谋求生存与发展。自主创新能力作为一种策略性资源，既能体现企业产品的核心竞争力，又能反映企业获得资本的能力，是企业发展的原动力。唐未兵等学者指出，不断地进行自主创新不仅可以维持现有客户，而且还可以挖掘出更多潜在的新客户，有利于扩大市场份额，全面提升企业业绩。还有学者认为，良好的自主创新能力可以向资本市场传递出有利于企业的投资信息，从而使企业获得外部的资金支持，对企业产生积极的影响。

当今，知识产权对于自主创新系统的整合具有至关重要的影响，它与自主创新相互促进、相互融合、共同发展。企业要明确研发方向，介入知识产权，建立研发和创新的战略储备，努力发展自身的核心技术，使自主知识产权得到很好的转化，最终依靠自主知识产权，提高企业创新能力，增强企业竞争能力。知识产权基础理论不是一成不变的，而是一个逐步创新和发展的过程，需要不断地引入新理论，从而构建更加完善的知识产权基础理论体系,并运用自主创新不断拓展知识产权基础理论,支撑国家知识产权事业的发展。企业必须重视自主创新与知识产权的协同发展,使两者相辅相成。一方面,努力通过自主知识产权提高企业的创新能力,从而提高企业的竞争力;另一方面,企业的创新活动要以研发成果的知识产权化为重要战略目标,加快促进知识产权的创造、运用、保护和管理的全面发展。

四、指标权重确定及指数计算

本书采用层次分析法（Analytic Hierarchy Process，AHP）确定指标体系权重。层次分析法是一种定性和定量相结合的、系统的、层次化的分析方法。这种方法的特点就是在对复杂决策问题的本质、影响因素及其内在关系等进行深入研究的基础上,利用较少的定量信息使决策的思维过程数学化,从而为多目标、多准则或无结构特性的复杂决策问题提供简便的决策方法,是对难以完全定量的复杂系统作出决策的模型和方法。

层次分析法的原理是根据问题的性质和要达到的总目标,将问题分解为不同的组成因素,并按照因素间的相互关联影响及隶属关系将因素按不同的层次聚集组合,形成一个多层次的分析结构模型,从而最终使问题归结为最低层（供决策的方案、措施等）相对于最高层（总目标）的相对重要权值的确定或相对优劣次序的排定。

层次分析法是利用专家的经验和判断能力,对同一层次因素的相对重要性进行两两比较,从上而下地进行整合,最终确定权重。

运用层次分析法确定权重主要分为以下3步:①根据已经构建的指标体系建立判断矩阵;②确定各层次指标的相对权重;③进行一致性检验。

具体流程如图 2-1 所示。

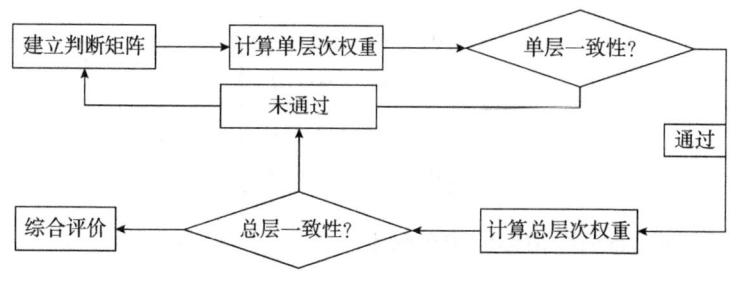

图 2-1　AHP 实施流程

首先，建立判断矩阵。

我们引用 1~9 作为标度来衡量同一级两项指标间的相对重要性，用数值表示两者的重要性差异，最终形成判断矩阵。比率标度见表 2-1。

表 2-1　比率标度表

标度	含义	标度	含义	说明
1	A_i 比 A_j 同等重要	#	#	① Ai 与 Aj 为同一层次的两个评价指标 ②相对上层某个评价指标判断 ③需要两个判断的折中
3	A_i 比 A_j 稍微重要	1/3	A_i 比 A_j 稍微不重要	
5	A_i 比 A_j 明显重要	1/5	A_i 比 A_j 明显不重要	
7	A_i 比 A_j 强烈重要	1/7	A_i 比 A_j 强烈不重要	
9	A_i 比 A_j 极端重要	1/9	A_i 比 A_j 极端不重要	
2, 4, 6, 8	两相邻判断的中间值	1/2, 1/4, 1/6, 1/8	两相邻判断的中间值	

例如，某层次因素集 $U=\{A_1, A_2, \cdots, A_n\}$，将 A_i 与 A_j（$i, j=1, 2, \cdots, n$）进行相互比较，根据比率标度表确定差异，并进行量化，得到判断矩阵：

$$A = \begin{bmatrix} a_{11} & a_{12} & \cdots & a_{1n} \\ a_{21} & a_{22} & \cdots & a_{2n} \\ \vdots & \vdots & \ddots & \vdots \\ a_{n1} & a_{n2} & \cdots & a_{nn} \end{bmatrix}$$

其次，确定各层次指标的相对权重。

对判断矩阵 A，计算满足特征根和特征向量，并将特征向量标准化后得到 $W，W1，W2，…，W_n^T$ 来作为本层级元素对于其隶属指标的权重。

最后，一致性检验。

引入 CI 度量矩阵偏离程度，即判断矩阵 A 的最大特征根 max 与 n 的差与 $n-1$ 之间的比。

$$CI = \frac{\max - n}{n-1} \quad (2-1)$$

通常判断矩阵的阶数越大，检验难度越高，通过查找平均随机一致性指标 RI，计算一致性比率 CR 作为检验指标。

通过以上分析可知，在指标权重确定过程中，层次分析法充分考虑了参与打分的专家在解决问题上的主观性，在多层次指标权重的确定上有很强的实用性。本次发放指标权重调查表9份，收回9份，收回率100%，在此基础上借助 AHP 软件，最终确定各级指标的权重。

第一步，建立层次结构模型。将决策的目标、考虑的因素（决策准则）和决策对象按他们之间的相互关系分成最高层、中间层和最低层，绘制层次结构如图 2-2 所示。

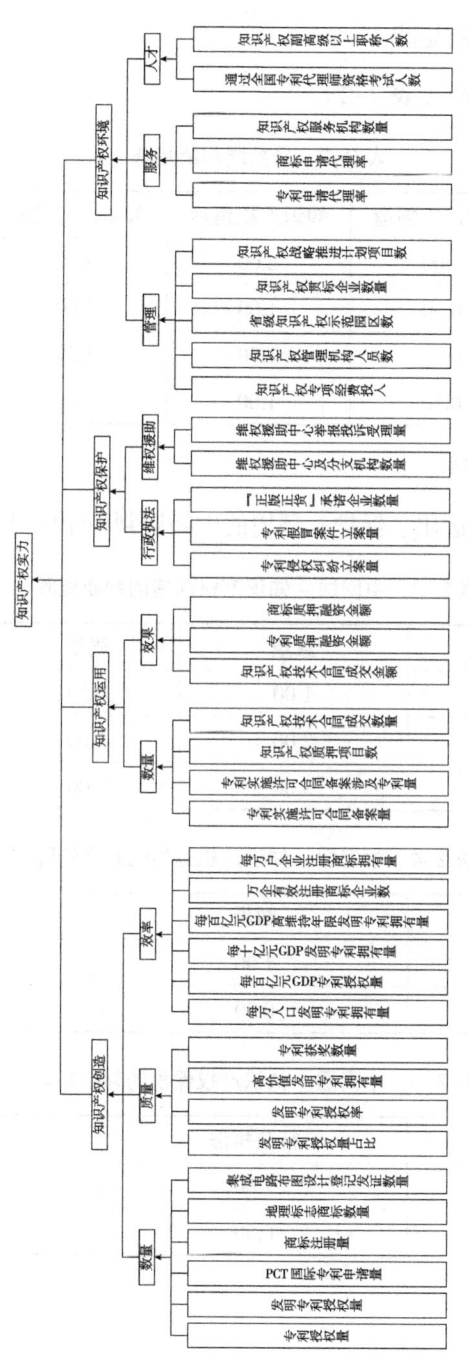

图2-2 层次结构模型

第二步，构造判断矩阵。

①最高层判断矩阵（表 2-2）。

表 2-2 最高层判断矩阵

类别	知识产权创造	知识产权运用	知识产权保护	知识产权环境
知识产权创造	1.00	2.00	2.00	2.00
知识产权运用	0.50	1.00	1.00	1.00
知识产权保护	0.50	1.00	1.00	1.00
知识产权环境	0.50	1.00	1.00	1.00

②中间层判断矩阵。

知识产权创造、运用、保护、环境的中间层判断矩阵见表 2-3 至表 2-6。

表 2-3 中间层 – 知识产权创造的判断矩阵

知识产权创造	数量	质量	效率
数量	1.00	0.50	0.33
质量	2.00	1.00	0.50
效率	3.00	2.00	1.00

表 2-4 中间层 – 知识产权运用的判断矩阵

知识产权运用	数量	效果
数量	1.00	2.00
效果	0.50	1.00

表 2-5 中间层 – 知识产权保护的判断矩阵

知识产权保护	行政执法	维权援助
行政执法	1.00	2.00
维权援助	0.50	1.00

表 2-6 中间层 - 知识产权环境的判断矩阵

知识产权环境	管理	服务	人才
管理	1.00	1.00	3.00
服务	1.00	1.00	2.00
人才	0.33	0.50	1.00

③最低层判断矩阵。

知识产权创造数量、创造质量、创造效率、运用数量、运用效果、行政执法、维权援助、环境管理、环境服务、环境人才的最低层判断矩阵见表2-7至表2-16。

表 2-7 最低层 - 知识产权创造数量的判断矩阵

知识产权创造数量	专利授权量	发明专利授权量	PCT 国际专利申请量	商标注册量	地理标志商标数量	集成电路布图设计登记发证数量
专利授权量	1.00	1.00	2.00	3.00	2.00	2.00
发明专利授权量	1.00	1.00	2.00	3.00	2.00	2.00
PCT 国际专利申请量	0.50	0.50	1.00	2.00	1.00	1.00
商标注册量	0.33	0.33	0.50	1.00	0.50	0.50
地理标志商标数量	0.50	0.50	1.00	2.00	1.00	1.00
集成电路布图设计登记发证数量	0.50	0.50	1.00	2.00	1.00	1.00

表 2-8 最低层 - 知识产权创造质量的判断矩阵

知识产权创造质量	发明专利授权量占比	发明专利授权率	高价值发明专利拥有量	专利获奖数量
发明专利授权量占比	1.00	3.00	2.00	3.00

续表

知识产权 创造质量	发明专利授权 量占比	发明专利 授权率	高价值发明专 利拥有量	专利获奖 数量
发明专利授权率	0.33	1.00	0.50	1.00
高价值发明专利拥有量	0.50	2.00	1.00	2.00
专利获奖数量	0.33	1.00	0.50	1.00

表2-9 最低层-知识产权创造效率的判断矩阵

知识产权 创造效率	每万人口 发明专利 拥有量	每百亿元 GDP专 利授权量	每十亿元 GDP发 明专利拥 有量	每百亿元 GDP高维 持年限发 明专利拥 有量	万企有效 注册商标 企业数	每万户企 业注册商 标拥有量
每万人口发明 专利拥有量	1.00	1.00	1.00	1.00	1.00	5.00
每百亿元GDP 专利 授权量	1.00	1.00	1.00	1.00	1.00	4.00
每十亿元GDP 发明 专利拥有量	1.00	1.00	1.00	1.00	1.00	4.00
每百亿元GDP 高维持年限发 明专利拥有量	1.00	1.00	1.00	1.00	1.00	4.00
万企有效 注册商标 企业数	1.00	1.00	1.00	1.00	1.00	4.00
每万户企业注 册商标拥有量	0.20	0.25	0.25	0.25	0.25	1.00

表 2-10 最低层-知识产权运用数量的判断矩阵

知识产权运用数量	专利实施许可合同备案量	专利实施许可合同备案涉及专利量	知识产权质押项目数	知识产权技术合同成交数量
专利实施许可合同备案量	1.00	1.00	1.00	1.00
专利实施许可合同备案涉及专利量	1.00	1.00	1.00	1.00
知识产权质押项目数	1.00	1.00	1.00	1.00
知识产权技术合同成交数量	1.00	1.00	1.00	1.00

表 2-11 最低层-知识产权运用效果的判断矩阵

知识产权运用效果	知识产权技术合同成交金额	专利质押融资金额	商标质押融资金额
知识产权技术合同成交金额	1.00	0.50	2.00
专利质押融资金额	2.00	1.00	4.00
商标质押融资金额	0.50	0.25	1.00

表 2-12 最低层-知识产权行政执法的判断矩阵

知识产权行政执法	专利侵权纠纷立案量	专利假冒案件立案量	"正版正货"承诺企业数量
专利侵权纠纷立案量	1.00	1.00	1.00
专利假冒案件立案量	1.00	1.00	1.00
"正版正货"承诺企业数量	1.00	1.00	1.00

表 2-13 最低层 – 知识产权维权援助的判断矩阵

知识产权 维权援助	维权援助中心及分支机构数量	维权援助中心举报投诉受理量
维权援助中心及分支机构数量	1.00	1.00
维权援助中心举报投诉受理量	1.00	1.00

表 2-14 最低层 – 知识产权环境管理的判断矩阵

知识产权 环境管理	知识产权专项经费投入	知识产权管理机构人员数	省级知识产权示范园区数	知识产权贯标企业数量	知识产权战略推进计划项目数
知识产权专项经费投入	1.00	0.25	0.25	0.25	0.11
知识产权管理机构人员数	4.00	1.00	1.00	1.00	0.50
省级知识产权示范园区数	4.00	1.00	1.00	1.00	0.50
知识产权贯标企业数量	4.00	1.00	1.00	1.00	0.50
知识产权战略推进计划项目数	9.00	2.00	2.00	2.00	1.00

表 2-15 最低层 – 知识产权环境服务的判断矩阵

知识产权 环境服务	专利申请代理率	商标申请代理率	知识产权服务机构数量
专利申请代理率	1.00	0.33	2.00
商标申请代理率	3.00	1.00	7.00
知识产权服务机构数量	0.50	0.14	1.00

表 2-16　最低层 – 知识产权环境人才的判断矩阵

知识产权 环境人才	通过全国专利代理 师资格考试人数	知识产权副高级以上职称 人数
通过全国专利代理师资格考试人数	1.00	1.00
知识产权副高级以上职称人数	1.00	1.00

第三步，计算权重。计算中低层所有因素对于最高层（总目标）相对重要性的权值，称为层次总排序。最终，得到江苏省知识产权实力指标体系权重，见表 2-17。

表 2-17　江苏省知识产权实力指标体系

一级指标 （权重）	二级指标 （权重）	三级指标（权重）		
		序号	单位	指标（权重）
知识产权 创造 （40%）	数量 （6.5%）	1	件	专利授权量（1.5%）
		2	件	发明专利授权量（1.5%）
		3	件	PCT 国际专利申请量（1%）
		4	件	商标注册量（0.5%）
		5	件	地理标志商标数量（1%）
		6	件	集成电路布图设计登记发证数量（1%）
	质量 （11%）	7	%	发明专利授权量占比（5%）
		8	%	发明专利授权率（1.5%）
		9	件	高价值发明专利拥有量（2.5%）
		10	项	专利获奖数量（2%）
	效率 （22.5%）	11	件	每万人口发明专利拥有量（5%）
		12	件	每百亿元 GDP 专利授权量（3.5%）
		13	件	每十亿元 GDP 发明专利拥有量（4.5%）
		14	件	每百亿元 GDP 高维持年限发明专利拥有量（4%）
		15	家	万企有效注册商标企业数（4.5%）
		16	件	每万户企业注册商标拥有量（1%）

续表

一级指标（权重）	二级指标（权重）	三级指标（权重）		
		序号	单位	指标（权重）
知识产权运用（20%）	数量（12.5%）	17	份	专利实施许可合同备案量（3.5%）
		18	件	专利实施许可合同备案涉及专利量（3.5%）
		19	个	知识产权质押项目数（3%）
		20	项	知识产权技术合同成交数量（2.5%）
	效果（7.5%）	21	亿元	知识产权技术合同成交金额（2%）
		22	亿元	专利质押融资金额（4.5%）
		23	亿元	商标质押融资金额（1%）
知识产权保护（20%）	行政执法（12.5%）	24	件	专利侵权纠纷立案量（4.5%）
		25	件	专利假冒案件立案量（4.5%）
		26	家	"正版正货"承诺企业数量（3.5%）
	维权援助（7.5%）	27	个	维权援助中心及分支机构数量（4.5%）
		28	件	维权援助中心举报投诉受理量（3%）
知识产权环境（20%）	管理（11%）	29	万元	知识产权专项经费投入（0.5%）
		30	人	知识产权管理机构人员数（2%）
		31	个	省级知识产权示范园区数（2%）
		32	家	知识产权贯标企业数量（2%）
		33	个	知识产权战略推进计划项目数（4.5%）
	服务（5%）	34	%	专利申请代理率（1%）
		35	%	商标申请代理率（3.5%）
		36	个	知识产权服务机构数量（0.5%）
	人才（4%）	37	人	通过全国专利代理师资格考试人数（2%）
		38	人	知识产权副高级以上职称人数（2%）

本书采用统计综合评价方法对各级指标进行合成。各级指标经标准化后均可被称为"指数"，计算方法如下。

①将各三级指标按照以下规则标准化，得到三级指标的指数 d_{ij}（式

2-2):

$$d_{ij} = \frac{\min(x_{ij}, \mathrm{med}(x_{ij}))}{\mathrm{med}(x_{ij})} \times 0.6 + \frac{\max(x_{ij}, \mathrm{med}(x_{ij})) - \mathrm{med}(x_{ij})}{\max(x_{ij}) - \mathrm{med}(x_{ij})} \times 0.4 \quad (2-2)$$

其中：x_{ij} 为第 i 个一级指标下的第 j 个三级指标，max（x_{ij}）为第 j 个三级指标数据的最大值，med（x_{ij}）为第 j 个三级指标数据的中位值。

②二级指标指数 Z_i 由三级指标指数加权综合而成（式2-3）：

$$z_i = \sum_{j=1}^{n_i} w_{ij} d_{ij} \bigg/ \sum_{j=1}^{n_i} w_{ij} \quad (2-3)$$

其中：w_{ij} 为各三级指标监测值相应的权数，n_i 为第 i 个二级指标下设三级指标的个数。

③一级指标指数 Y_i 由二级指标指数加权综合而成（式2-4）：

$$y_i = \sum_{i=1}^{n} w_i z_i \bigg/ \sum_{i=1}^{n} w_i \quad (2-4)$$

其中：w_i 为各二级指标指数的权数，n 为二级指标的个数。

④知识产权实力指数 Index 由一级指标指数加权综合而成（式2-5）：

$$\mathrm{index} = \sum_{i=1}^{n} w_i z_i \bigg/ 100 \quad (2-5)$$

其中：w_i 为各一级指标指数的权数，n 为一级指标的个数。

第三章 江苏省知识产权实力综述与分析

一、江苏省知识产权实力综述

2023年是全面贯彻落实党的二十大精神的开局之年，也是江苏省知识产权事业发展史上具有里程碑意义的一年。江苏省知识产权全系统坚持把深入学习贯彻党的二十大精神、习近平总书记对江苏工作重要讲话重要指示精神和开展学习贯彻习近平新时代中国特色社会主义思想主题教育，作为贯穿全年工作的主题主线，在江苏省委、省政府和江苏省市场监督管理局党组的正确领导下，牢记嘱托、感恩奋进，推动知识产权强省建设继续走在前列，为中国式现代化江苏新实践良好开局作出贡献。

（一）突出统筹部署，强化评估问效，知识产权强国先行区建设有序有力

江苏省委、省政府高位推进。联合国家知识产权局印发《江苏省人民政府办公厅 国家知识产权局办公室关于印发共建现代产业体系自主可控知识产权强省2023—2025年工作要点的通知》，开展"十四五"知识产权规划实

施中期评估，局省合作经验被国家知识产权局专刊印发。江苏省政府制定并出台《关于高标准推进知识产权强省建设的若干政策措施》，开展首届江苏专利奖评选表彰。知识产权工作纳入省级督查检查考核计划和督查激励。省级部门同向发力。江苏省知识产权和商标战略实施工作领导小组印发年度计划、召开3次会议，专题研究江苏省知识产权保护检查考核、专利转化运用专项行动实施方案等。会同江苏省高级人民法院、人民检察院、司法厅、财政厅、商务厅等部门各司其职、密切配合，建立完善数据知识产权试点、质押融资风险补偿、对外转让、知识产权一件事等制度机制，推动知识产权工作纳入13份省委、省政府重要政策文件。强市建设齐头并进。新获批国家知识产权强市建设试点示范城市4个、强县建设试点示范县14个，新一轮国家试点示范城市达12个，试点示范县（区）42个，覆盖率达50%。连云港、镇江、泰州等8个设区市将知识产权保护纳入地方考核计划，无锡强市建设获局长批示肯定，徐州、常州、淮安召开知识产权强市建设推进大会，扬州召开全市地理标志工作推进会。

（二）突出严格保护，强化法治保障，全链条保护样板区建设见行见效

探索新领域保护规则。推动地理标志地方立法列入省人大立法规划。成功申报国家发展改革委、科技部全面创新改革工作中"数据知识产权分级分类保护机制""涉外知识产权风险监测预警与防控机制"揭榜任务。稳步推进国家数据知识产权地方试点，并获2021—2023年江苏省法治建设创新项目奖。获批建设全国唯一的生物医药产业海外纠纷应对指导基地。推进保护示范区建设。指导南京、苏州高标准建设首批国家保护示范区，南通入选第二批国家保护示范区，推动11个地方开展省级保护示范区新模式探索。22家实体市场通过国家级保护规范化市场续延审查，新增13家省级"正版正货"

示范街区。加大行政保护力度。出台《专利侵权纠纷行政裁决庭审规范》地方标准，联合江苏省司法厅、江苏省高级人民法院培育知识产权调解组织360家、鉴定机构4家，加强行民刑衔接和跨区域协调，办理专利侵权纠纷案件同比增长33.1%，行政调解司法确认案件增长3倍，华为、阿斯利康公司行政裁决案件得到企业高度评价，并促成企业在苏继续投资。提升协同保护效能。推动"1+13+N"知识产权快速协同保护体系提质增效，行政、司法、行业自律、社会共治的大保护格局初步形成。新获批连云港国家保护中心，宜兴、常熟、海安知识产权快维中心，新增维权援助机构34个，累计获批国家级保护中心9家、快速维权中心6家，专利预审覆盖江苏省16个先进制造业集群，累计服务备案企业3.9万家，全年1.9万件专利获得快速审批授权，占全国1/6。

（三）突出转化运用，强化深度融合，引领产业高质量发展示范区建设走深走实

赋能强链补链延链。聚焦江苏省"1650"产业体系，加强科技工信协同，强化省市县联动，新建省高价值专利培育中心16个，累计达115个，带动市县培育项目628个，布局专利导航服务基地国家级7个、省级10个、市级33个，实现先进制造业集群全覆盖。联合国家知识产权局专利局专利审查协作江苏中心进一步拓展"产才对接"服务受惠面，为8个集群、约80家重大创新主体及院士团队提供定制化服务。新增备案知识产权联盟11家，全省达37家，覆盖11个先进制造业集群。常州知识产权赋能新能源产业成效凸显，苏州建立产业知识产权与标准协同创新中心。培育知识产权强企。新增知识产权贯标备案企业4 391家，国家示范企业71家，总数居全国第一。制定知识产权工作站建设和管理办法，317家备案工作站常态化联系企业9 000余家。推动备案专利产品3 458件。盐城商标品牌指导站相关做法被央视新闻专题报道。创新商标品牌培育。实施"千企百城"商标品牌价值提升行动，97个企业品牌、44个区域品牌入选国家首批名单。会同江苏省商务厅加强"中华老字号""江苏老字号"管理，联合江苏省农业农村厅启动江苏农业品牌精品培育计划，首批遴选17个区域品牌、49个产品品牌。制定《江苏省地理标志专用标志使用管理办法（试行）》，建立全省地理标志资源库、基础库和重点培育库。如皋火腿获批为国家地理标志保护产品，洞庭（山）碧螺春茶、雨花茶获批建设国家地理标志产品保护示范区。促进成果转化应用。稳步推进专利转化专项计划实施，会同有关部门组织先进技术知识产权双向转化对接和"专利（成果）拍卖季"活动，支持泰州成立知识产权运用促进中心，新增省级产业运营中心5个，转让许可专利3.75万件，达成开放许可专利近500件。会同江苏省财政厅建立"苏知贷"省级质押融资风险补偿机制，联合中国银行江苏省分行、国家金融监管总局江苏省监管局等部门开展"知惠行"等专项行动，开展银企对接近百场，质押融资金额突破800亿元，惠及企业5 000余家。

（四）突出便捷服务，强化双向合作，开放协作标杆区建设有声有色

优化公共服务供给。及时出台知识产权服务经济运行率先整体好转的10条举措。推动知识产权"一件事"服务向市县延伸，实现60个公共服务事项"线上一网办，线下一窗办"。全省知识产权业务受理量同比增长30.7%，专利优先审查同比增长101.5%。推动知识产权服务业集聚区提档升级，已建国家级集聚区4家、省级集聚区9家。南京健全知识产权服务"一站办"体系，苏州获批国家知识产权公共服务标准化城市。加强服务业监管。制定专利代理裁量权基准，稳妥推进专利代理行政处罚权下放，对29家代理机构实施行政处罚。实现专利代理机构和执业专利代理师信用监管全覆盖,将 5 家机构纳入经营异常名录。加强非正常专利申请行为跨部门协同治理,函告、约谈 1 500 余家代理机构。强化区域协作。轮值举办长三角知识产权新闻发布会,牵头三省一市建立全国首个专利代理行业省级跨区域合作机制和助力产业强链交流会商机制,编制发布长三角区域重点城市知识产权发展状况报告,成功举办首届长三角地区知识产权大学生知识竞赛。加强苏港知识产权合作,南京都市圈、淮海经济区知识产权保护机制不断完善。加强国际交流合作。与世界知识产权组织中国办事处、美中贸易全国委员会等进行务实交流,成功举办第十八届中国(无锡)国际设计博览会和第五届紫金知识产权国际峰会。

(五)突出能力提升,强化基础支撑,高端人才培养试验区建设稳扎稳打

加强培养载体建设。加强知识产权学院学科建设,南京理工大学知识产权学院人才培养新体系获国家教学成果二等奖。省级知识产权培训基地实现设区市全覆盖,优化推广中国知识产权远程教育江苏省知识产权远程教育平台,线上线下培训企业高管、执业代理师等各类实务人员 3.4 万人次。提升干部专业素养。推动江苏省委组织部将知识产权纳入全省领导干部专题培训计划,举办首期全省领导干部网上专题培训。江苏省知识产权局常态化组织高级研修班、执法人员培训班、全系统全员学法活动,成功举办首届全省系统法律知识竞赛,实现三级行政管理部门、199 家保护载体,900 余个基层分局近 4 000 人全覆盖。厚植创新文化氛围。连续两年承办全国知识产权宣传周启动仪式东部分会场活动。打造知识产权"青年说""青年行"宣传品牌,荣获江苏省高校青年志愿服务项目大赛金奖。江苏省"以知识产权高质量发展助力产业强链延链补链""打造知识产权保护高地"等做法被《人民日报》

等权威媒体广泛报道，南通"知联侨"、淮安"淮知行"、宿迁"宿知道"等地方品牌亮点纷呈，保护知识产权就是保护创新的文化理念深入人心。

二、江苏省及各设区市重点产业专利实力分析

2023 年，江苏省先进制造业发明专利申请量和授权量分别为 143 709 件和 71 341 件，均居全国第 3 位。江苏省先进制造业集群发明专利申请主要集中在新兴数字产业集群、高端新材料集群、物联网集群，占江苏省先进制造业集群发明申请专利总量的比重分别为 26.75%、25.50% 和 23.16%，三个集群发明专利申请量共 104 842 件，占江苏省先进制造业集群发明专利申请总量的 75.41%；江苏省先进制造业集群发明专利授权主要集中在高端新材料集群、新兴数字产业集群和物联网集群，占江苏省先进制造业集群发明授权专利总量的比重分别为 26.13%、26.11% 和 24.42%，三个集群发明专利授权量共 54 691 件，占江苏省先进制造业集群发明专利授权总量的 76.67%。对比 2022 年，江苏省 2023 年先进制造业集群发明专利申请量增幅最快的集群分别是软件与信息服务集群、新一代信息通信集群和物联网集群，增幅分别为 15.49%、12.94% 和 5.89%；发明专利授权量增幅最快的集群分别是高技术船舶与海洋工程装备集群、高端装备集群和软件与信息服务集群，增幅分别为 52.22%、39.89% 和 30.50%。

从江苏省占据优势的新型电力和新能源产业专利实力来看，2023 年，江苏新型电力和新能源产业发明专利申请主要集中在南京、苏州、无锡，占全省新型电力和新能源产业发明专利申请总量的比重分别为 30.55%、19.95%、10.33%；发明专利授权主要集中在南京、苏州、无锡，占全省新型电力和新能源产业发明专利授权总量的比重分别为 27.22%、11.00%、20.07%。从江

苏省发明专利申请量排名第一的高端新材料产业专利实力来看，2023年，江苏省高端新材料产业发明专利申请量36 646件，发明专利申请主要集中在苏州、南京、无锡，分别10 034件、6 648件、4 056件；发明专利授权量18 642件，发明专利授权主要集中在苏州、南京、无锡，分别为4 902件、3 795件、2 099件。从区域布局看，江苏省先进制造业集群发明专利申请主要集中在南京、苏州、无锡，占全省先进制造业集群发明专利申请总量的比重分别为30.09%、26.88%、9.92%；发明专利授权量主要集中在南京、苏州、无锡，占全省先进制造业集群发明专利授权总量的比重分别为31.81%、26.51%、9.84%。从申请主体看，2023年，江苏省先进制造业集群发明专利申请量前10的申请主体共计发明专利申请量7 820件，占全省先进制造业集群发明专利申请总量的2.93%。

从先进制造业集群专利设区市区域分布来看，2023年，苏南先进制造业集群发明专利申请公开量105 933件，同比增长6.10%，占全省先进制造业集群发明专利申请公开量的73.71%；苏中❶先进制造业集群发明专利申请公开量19 695件，同比降低1.82%，占全省先进制造业集群发明专利申请公开量的13.70%；苏北先进制造业集群发明专利申请公开量18 081件，同比降低12.79%，占全省先进制造业集群发明专利申请公开量的12.58%。苏南先进制造业集群发明专利授权量53 604件，同比增长15.45%，占全省先进制造业集群发明专利授权量的75.14%；苏中先进制造业集群发明专利授权量9 301件，同比增长36.30%，占全省先进制造业集群发明专利授权量的13.04%；苏北先进制造业集群发明专利授权量8 436件，同比增长24.98%，占全省先进制造业集群发明专利授权量的11.82%。

---

❶ 苏中是江苏省中部地区的简称，包括南通、扬州、泰州3个设区市。

三、江苏省知识产权实力分析

本书从知识产权创造、运用、保护和环境 4 个方面对 2023 年江苏省知识产权实力进行排名与分析,得出各市知识产权实力状况总体呈现"苏南高、苏北低"的特征,江苏省知识产权实力指数居前三位的依次是南京市、苏州市和南通市,居后三位的依次是淮安市、连云港市和宿迁市,后三位均为苏北城市。各地区知识产权实力不均衡,排名第 1 位的南京市与排名第 13 位的宿迁市,知识产权实力指数相差 0.590 2(表 3-1)。

表 3-1 2023 年江苏地区知识产权实力指数

地区	知识产权实力	
	指数	排名
南京市	0.854 8	1
苏州市	0.800 7	2
南通市	0.690 4	3
常州市	0.685 1	4
无锡市	0.627 3	5
徐州市	0.598 9	6
镇江市	0.561 6	7
盐城市	0.536 6	8
泰州市	0.512 9	9
扬州市	0.488 0	10
淮安市	0.349 4	11
连云港市	0.341 1	12
宿迁市	0.264 6	13

知识产权实力指数排名第 1 位的南京市知识产权实力指数约是宿迁市的 3.23 倍,差距较上一年度更大,主要表现在南京市的知识产权创造-质量、

知识产权运用-数量、知识产权运用-效果、知识产权保护-行政执法、知识产权环境-管理等指标指数明显高于宿迁市（表3-2）。

表3-2　2023年南京市、宿迁市知识产权实力指数比较

指标	指标指数		指标指数绝对差异 （南京市-宿迁市）	指标指数相对差异 （南京市/宿迁市）
	南京市	宿迁市		
知识产权实力	0.854 8	0.264 6	0.590 2	3.23
知识产权创造-质量	0.937 7	0.271 5	0.666 2	3.45
知识产权运用-数量	0.923 4	0.123 8	0.799 6	7.46
知识产权运用-效果	0.819 2	0.232 0	0.587 2	3.53
知识产权保护-行政执法	0.722 4	0.110 9	0.611 5	6.51
知识产权环境-管理	0.825 8	0.234 8	0.591 0	3.52

运用统计上四分位数❶的概念，将13个设区市根据2023年知识产权实力指数的大小划分为四个类别（图3-1）。

第一类：南京市、苏州市、南通市。

第二类：常州市、无锡市、徐州市。

第三类：镇江市、盐城市、泰州市。

第四类：扬州市、淮安市、连云港市、宿迁市。

---

❶　四分位数，是指在统计学中把所有数值由小到大排列并分成四等份，处于三个分割点位置的数值。

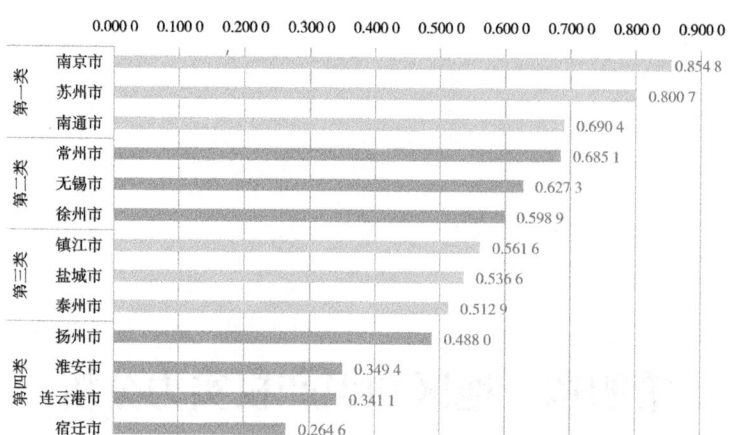

图 3-1　2022 年江苏知识产权实力指数地区分类

第四章 地区知识产权实力分析

一、地区知识产权实力一级指标分析

（一）地区知识产权实力一级指标设计

知识产权实力指标体系下设 4 个一级指标：知识产权创造、知识产权运用、知识产权保护和知识产权环境（图 4-1）。

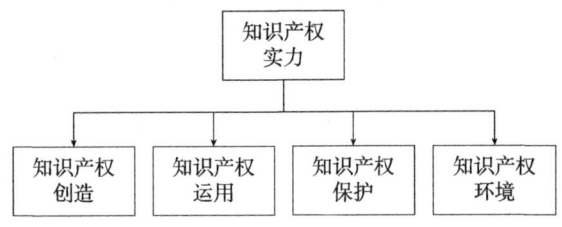

图 4-1 知识产权实力指标设计

（二）地区知识产权实力一级指标分析

总体来看，知识产权创造、知识产权运用、知识产权保护和知识产权环境4项一级指标均呈现"苏南高、苏北低"的特征。从4项一级指标江苏省前三位的分布来看，知识产权创造指标前三位依次是南京市、苏州市、南通市；知识产权运用指标前三位依次是南京市、苏州市、无锡市，均为苏南城市；知识产权保护指标前三位依次是南京市、常州市、苏州市，均为苏南城市；知识产权环境指标前三位依次是南京市、苏州市、南通市。13个设区市中，南京市4项指标均位居江苏省首位，苏州市知识产权创造、知识产权运用、知识产权环境3项指标均位居江苏省第2位（表4-1）。

表4-1　2023年江苏地区知识产权实力及其一级指标

地区	知识产权实力		知识产权创造		知识产权运用		知识产权保护		知识产权环境	
	指数	排名	指数	排名	指数	排名	指数	排名	指数	排名
南京市	0.854 8	1	0.884 8	1	0.884 3	1	0.823 4	1	0.796 6	1
无锡市	0.627 3	5	0.696 9	4	0.660 1	3	0.644 7	5	0.438 0	10
徐州市	0.598 9	6	0.599 1	7	0.505 9	8	0.614 2	7	0.676 0	5
常州市	0.685 1	4	0.692 1	5	0.602 7	6	0.742 8	2	0.695 8	4
苏州市	0.800 7	2	0.839 2	2	0.824 4	2	0.725 9	3	0.775 0	2
南通市	0.690 4	3	0.704 6	3	0.639 0	5	0.691 3	4	0.712 7	3
连云港市	0.341 1	12	0.401 7	11	0.329 3	12	0.273 0	11	0.300 0	13
淮安市	0.349 4	11	0.333 0	12	0.566 2	7	0.184 5	13	0.330 6	12
盐城市	0.536 6	8	0.464 7	10	0.656 5	4	0.615 9	6	0.481 3	9
扬州市	0.488 0	10	0.510 7	9	0.479 4	9	0.319 6	10	0.619 7	6
镇江市	0.561 6	7	0.616 7	6	0.444 2	10	0.541 9	9	0.588 5	7
泰州市	0.512 9	9	0.527 8	8	0.379 8	11	0.558 8	8	0.570 1	8
宿迁市	0.264 6	13	0.288 8	13	0.164 4	13	0.227 7	12	0.353 0	11

二、地区知识产权实力二级指标分析

（一）知识产权创造二级指标分析

1.指标设计

知识产权创造指标下设 3 个二级指标：知识产权创造 – 数量、知识产权创造 – 质量和知识产权创造 – 效率（图 4-2）。

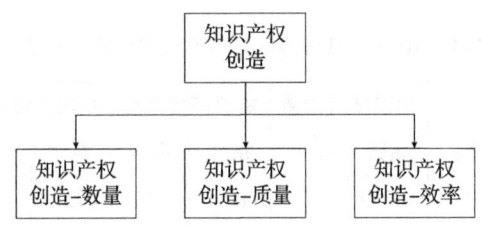

图 4-2　知识产权创造二级指标设计

2.地区知识产权创造实力分析

总体来看，知识产权创造 – 数量和知识产权创造 – 质量 2 项二级指标均呈现"苏南高、苏北低"的特征，知识产权创造 – 效率呈现"苏南苏中高、苏北低"的特征。从 3 项二级指标江苏省前三位的分布来看，知识产权创造 – 数量指标前三位依次是苏州市、南京市、无锡市，知识产权创造 – 质量指标前三位均依次是南京市、苏州市、常州市，知识产权创造 – 效率指标前三位依次是南京市、苏州市、南通市。13 个设区市中，南京市和苏州市 3 项二级指标均进入江苏省前两位。

从各地区 3 项二级指标发展的均衡性来看，除徐州市、扬州市和镇江市外，其余 10 个设区市 3 项二级指标发展较为均衡，3 项二级指标江苏省位次的差异不超过 3（表 4-2）。

表4-2　2023年江苏知识产权创造及其二级指标

地区	知识产权创造		知识产权创造-数量		知识产权创造-质量		知识产权创造-效率	
	指数	排名	指数	排名	指数	排名	指数	排名
南京市	0.8848	1	0.8297	2	0.9377	1	0.8749	1
无锡市	0.6969	4	0.7173	3	0.6507	4	0.7135	5
徐州市	0.5991	7	0.6114	6	0.6738	3	0.5590	7
常州市	0.6921	5	0.6323	5	0.6152	7	0.7470	4
苏州市	0.8392	2	0.9328	1	0.7433	2	0.8590	2
南通市	0.7046	3	0.6467	4	0.6247	6	0.7605	3
连云港市	0.4017	11	0.2735	12	0.5072	9	0.3872	11
淮安市	0.3330	12	0.2897	11	0.3646	12	0.3300	12
盐城市	0.4647	10	0.4508	8	0.4737	10	0.4643	10
扬州市	0.5107	9	0.5559	7	0.4450	11	0.5298	9
镇江市	0.6167	6	0.4424	9	0.6377	5	0.6567	6
泰州市	0.5278	8	0.4324	10	0.5777	8	0.5310	8
宿迁市	0.2888	13	0.2599	13	0.2715	13	0.3057	13

（二）知识产权运用二级指标分析

1. 指标设计

知识产权运用指标下设2个二级指标：知识产权运用-数量、知识产权运用-效果（图4-3）。

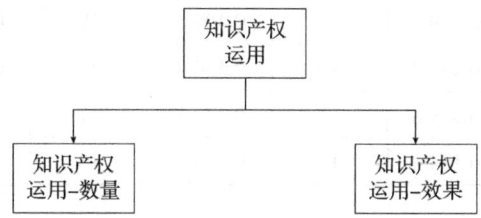

图4-3　知识产权运用二级指标设计

2. 地区知识产权运用实力分析

从 2 项二级指标江苏省前三位的分布来看，知识产权运用 – 数量指标前三位依次是南京市、苏州市、盐城市；知识产权运用 – 效果指标前三位依次是苏州市、南京市、无锡市，均为苏南城市。13 个设区市中，南京市和苏州市 3 项二级指标均进入江苏省前三位。

从各地区 2 项二级指标发展的均衡性来看，除无锡市、徐州市、连云港市、淮安市、盐城市和扬州市外，其余 7 个设区市知识产权运用 – 数量和知识产权运用 – 效果 2 项二级指标发展较为均衡，2 项二级指标江苏省位次的差异不超过 3（表 4-3）。

表 4-3　2023 年江苏知识产权运用及其二级指标

地区	知识产权运用		知识产权运用 – 数量		知识产权运用 – 效果	
	指数	排名	指数	排名	指数	排名
南京市	0.884 3	1	0.923 4	1	0.819 2	2
无锡市	0.660 1	3	0.611 9	7	0.740 3	3
徐州市	0.505 9	8	0.629 1	5	0.300 5	12
常州市	0.602 7	6	0.565 3	8	0.665 0	5
苏州市	0.824 4	2	0.746 4	2	0.954 3	1
南通市	0.639 0	5	0.615 2	6	0.678 7	4
连云港市	0.329 3	12	0.258 0	12	0.448 1	8
淮安市	0.566 2	7	0.654 3	4	0.419 5	10
盐城市	0.656 5	4	0.735 5	3	0.525 0	7
扬州市	0.479 4	9	0.409 1	10	0.596 7	6
镇江市	0.444 2	10	0.456 9	9	0.422 9	9
泰州市	0.379 8	11	0.372 3	11	0.392 2	11
宿迁市	0.164 4	13	0.123 8	13	0.232 0	13

（三）知识产权保护二级指标分析

1. 指标设计

知识产权保护指标下设2个二级指标：知识产权保护–行政执法和知识产权保护–维权援助（图4-4）。

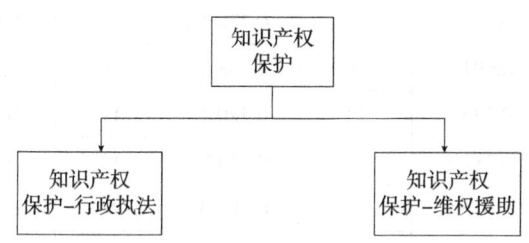

图4-4　知识产权保护二级指标设计

2. 地区知识产权保护实力分析

从2项二级指标江苏省前三位的分布来看，知识产权保护–行政执法指标前三位依次是常州市、苏州市、南通市，知识产权保护–维权援助指标前三位依次是南京市、镇江市、苏州市，均为苏南城市。

从各地区2项二级指标发展的均衡性来看，除常州市、南通市、盐城市、镇江市外，其余9个设区市的知识产权保护–行政执法、知识产权保护–维权援助2项二级指标发展较为均衡，2项指标江苏省位次的差异不超过3（表4-4）。

表4-4　2023年江苏知识产权保护及其二级指标

地区	知识产权保护		知识产权保护–行政执法		知识产权保护–维权援助	
	指数	排名	指数	排名	指数	排名
南京市	0.823 4	1	0.722 4	4	0.991 7	1
无锡市	0.644 7	5	0.654 3	6	0.628 7	4

续表

地区	知识产权保护		知识产权保护－行政执法		知识产权保护－维权援助	
	指数	排名	指数	排名	指数	排名
徐州市	0.614 2	7	0.622 7	7	0.600 0	7
常州市	0.742 8	2	0.814 8	1	0.623 0	5
苏州市	0.725 9	3	0.778 1	2	0.638 9	3
南通市	0.691 3	4	0.758 0	3	0.580 0	8
连云港市	0.273 0	11	0.220 7	11	0.360 0	11
淮安市	0.184 5	13	0.143 7	12	0.252 5	13
盐城市	0.615 9	6	0.688 3	5	0.495 2	9
扬州市	0.319 6	10	0.324 5	10	0.311 3	12
镇江市	0.541 9	9	0.471 6	9	0.659 2	2
泰州市	0.558 8	8	0.527 4	8	0.611 1	6
宿迁市	0.227 7	12	0.110 9	13	0.422 4	10

（四）知识产权环境二级指标分析

1. 指标设计

知识产权环境指标下设 3 个二级指标：知识产权环境－管理、知识产权环境－服务和知识产权环境－人才（图 4-5）。

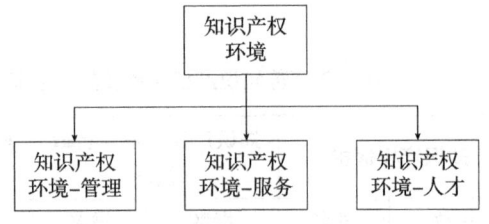

图 4-5　知识产权环境二级指标设计

2.地区知识产权环境实力分析

从3项二级指标江苏省前三位的分布来看，知识产权环境－管理指标前三位依次是南京市、南通市、苏州市；知识产权环境－服务指标前三位依次是扬州市、淮安市、连云港市；知识产权环境－人才指标前三位依次是苏州市、南京市、常州市，均为苏南城市。

从各地区3项二级指标发展的均衡性来看，仅有无锡市、徐州市、镇江市、泰州市和宿迁市5个设区市的知识产权环境－管理、知识产权环境－服务、知识产权环境－人才3项二级指标发展较为均衡，3项二级指标江苏省位次的差异不超过3（表4-5）。

表4-5　2023年江苏知识产权环境及其二级指标

地区	知识产权环境		知识产权环境－管理		知识产权环境－服务		知识产权环境－人才	
	指数	排名	指数	排名	指数	排名	指数	排名
南京市	0.7966	1	0.8258	1	0.5963	12	0.9667	2
无锡市	0.4380	10	0.3917	10	0.6062	11	0.3553	10
徐州市	0.6760	5	0.6737	5	0.6910	4	0.6636	4
常州市	0.6958	4	0.7137	4	0.6236	9	0.7368	3
苏州市	0.7750	2	0.7704	3	0.6231	10	0.9776	1
南通市	0.7127	3	0.7925	2	0.6271	7	0.6000	6
连云港市	0.3000	13	0.1898	13	0.7196	3	0.0783	12
淮安市	0.3306	12	0.2007	12	0.8495	2	0.0391	13
盐城市	0.4813	9	0.4550	9	0.5694	13	0.4435	9
扬州市	0.6197	6	0.4991	8	0.8996	1	0.6013	5
镇江市	0.5885	7	0.5810	6	0.6304	6	0.5565	7
泰州市	0.5701	8	0.5480	7	0.6784	5	0.4957	8
宿迁市	0.3530	11	0.2348	11	0.6243	8	0.3391	11

三、地区知识产权实力三级指标分析

（一）知识产权创造三级指标分析

1. 知识产权创造 – 数量指标

（1）指标设计。

知识产权创造 – 数量指标下设 6 个三级指标：专利授权量、发明专利授权量、PCT 国际专利申请量、商标注册量、地理标志商标数量、集成电路布图设计登记发证数量（图 4-6）。

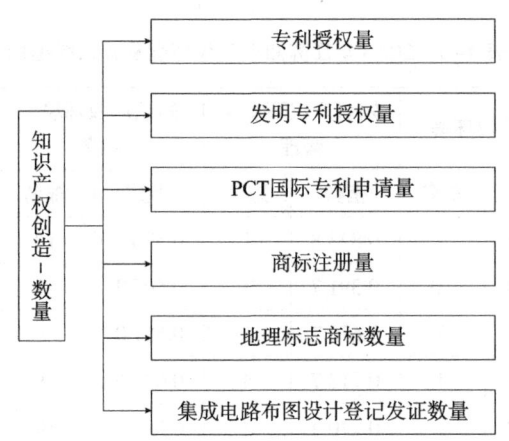

图 4-6　知识产权创造 – 数量三级指标设计

（2）知识产权创造 – 数量指标分析。

总体来看，专利授权量、发明专利授权量、PCT 国际专利申请量、商标注册量、集成电路布图设计登记发证数量 5 项三级指标均呈现"苏南高、苏北低"的特征。从 6 项三级指标江苏省前三位的分布来看，专利授权量、发明专利授权量、商标注册量、集成电路布图设计登记发证数量 4 项指标的前三位均分布在南京市、无锡市和苏州市，均为苏南城市；PCT 国际专利申请量指标前三位依次是苏州市、南京市和常州市,均为苏南城市;地理标志商标数量指标前三位依次是淮安市、盐城市和扬州市。13个设区市中,苏州市专利授权量、PCT国际专利申请量、商标注册量和集成电路布图设计登记发证数量4项三级指标均为江苏省首位。

从各地区6项三级指标发展的均衡性来看,仅有南通市6项三级指标江苏省位次的差异为1,指标间发展较为均衡。其他11个设区市6项三级指标江苏省位次的差异均超过3,指标间发展较为不均衡(表4-6)。

2.知识产权创造-质量指标

(1)指标设计。

知识产权创造-质量指标下设4个三级指标:发明专利授权量占比、发明专利授权率、高价值发明专利拥有量、专利获奖数量(图4-7)。

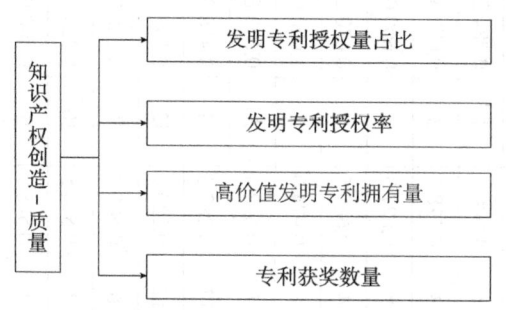

图4-7 知识产权创造-质量三级指标设计

(2)知识产权创造-质量指标分析。

总体来看,发明专利授权量占比、高价值发明专利拥有量、专利获奖数量3项三级指标均呈现"苏南高、苏北低"的特征。从4项三级指标江苏省前三位的分布来看,发明专利授权量占比指标前三位依次是南京市、徐州市、连云港市;发明专利授权率指标前三位依次是泰州市、扬州市、南京市;高价值发明专利拥有量指标前三位依次是南京市、苏州市、无锡市,均

表 4-6 2023年江苏知识产权创造-数量及其三级指标

地区	知识产权创造-数量		专利授权量		发明专利授权量		PCT国际专利申请量		商标注册量		地理标志商标数量		集成电路布图设计登记发证数量	
	指数	排名	指数	排名	指数	排名	指数	排名	指数	排名	指数	排名	指数	排名
南京市	0.829 7	2	0.777 5	2	1.000 0	1	0.784 2	2	0.916 9	2	0.606 0	5	0.878 5	3
无锡市	0.717 3	3	0.731 3	3	0.728 1	3	0.670 5	4	0.712 8	3	0.473 7	10	0.972 8	2
徐州市	0.611 4	6	0.594 8	8	0.627 3	6	0.600 0	6	0.682 4	4	0.600 0	7	0.600 0	7
常州市	0.632 3	5	0.684 3	4	0.669 5	4	0.670 8	3	0.640 6	6	0.473 7	10	0.614 6	5
苏州市	0.932 8	1	1.000 0	1	0.974 0	2	1.000 0	1	1.000 0	1	0.602 0	6	1.000 0	1
南通市	0.646 7	4	0.650 8	5	0.658 4	5	0.603 6	5	0.679 2	5	0.612 9	4	0.683 5	4
连云港市	0.273 5	12	0.204 0	13	0.283 5	11	0.418 3	8	0.388 8	12	0.378 9	13	0.054 5	10
淮安市	0.289 7	11	0.263 1	12	0.229 6	12	0.147 4	11	0.462 3	10	0.711 2	1	0.054 5	10
盐城市	0.450 8	8	0.604 1	6	0.600 0	7	0.126 9	12	0.600 0	7	0.642 7	2	0.054 5	10
扬州市	0.555 9	7	0.600 0	7	0.584 5	10	0.329 1	10	0.540 5	9	0.622 8	3	0.614 6	5
镇江市	0.442 4	9	0.480 4	10	0.588 9	9	0.600 0	6	0.304 3	13	0.410 5	12	0.109 1	8
泰州市	0.432 4	10	0.494 6	9	0.589 3	8	0.356 6	9	0.455 6	11	0.600 0	7	0.000 0	13
宿迁市	0.259 9	13	0.288 3	11	0.192 1	13	0.054 9	13	0.599 7	8	0.505 3	9	0.109 1	8

为苏南城市；专利获奖数量指标前三位依次是苏州市、南京市、无锡市，均为苏南城市。13个设区市中，南京市4项指标均位居江苏省前三位。

从各地区5项三级指标发展的均衡性来看，南京市、淮安市、宿迁市3个设区市4项三级指标江苏省位次的差异不超过3，指标间发展较为均衡（表4-7）。

表4-7 2023年江苏知识产权创造-质量及其三级指标

地区	知识产权创造-质量		发明专利授权量占比		发明专利授权率		高价值发明专利拥有量		专利获奖数量	
	指数	排名	指数	排名	指数	排名	指数	排名	指数	排名
南京市	0.9377	1	1.0000	1	0.7262	3	1.0000	1	0.8625	2
无锡市	0.6507	4	0.6000	7	0.5958	9	0.7258	3	0.7250	3
徐州市	0.6738	3	0.7497	2	0.6422	6	0.6000	7	0.6000	7
常州市	0.6152	7	0.5415	10	0.7040	4	0.6417	5	0.7000	4
苏州市	0.7433	2	0.5890	8	0.5507	11	0.9622	2	1.0000	1
南通市	0.6247	6	0.6229	6	0.5237	13	0.6586	4	0.6625	5
连云港市	0.5072	9	0.7249	3	0.6808	5	0.2534	11	0.1500	10
淮安市	0.3646	12	0.4917	12	0.5448	12	0.1742	12	0.1500	10
盐城市	0.4737	10	0.5320	11	0.6000	7	0.4205	8	0.3000	8
扬州市	0.4450	11	0.5489	9	0.7567	2	0.4059	9	0.0000	12
镇江市	0.6377	5	0.6619	4	0.5974	8	0.6037	6	0.6500	6
泰州市	0.5777	8	0.6487	5	1.0000	1	0.4046	10	0.3000	8
宿迁市	0.2715	13	0.3754	13	0.5827	10	0.0943	13	0.0000	12

3. 知识产权创造-效率指标

（1）指标设计。

知识产权创造-效率指标下设6个三级指标：每万人口发明专利拥有量、每百亿元GDP专利授权量、每十亿元GDP发明专利拥有量、每百亿元

GDP高维持年限发明专利拥有量、万企有效注册商标企业数、每万户企业注册商标拥有量（图4-8）。

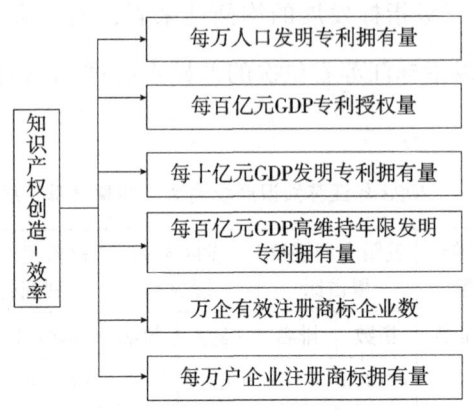

图4-8　知识产权创造－效率三级指标设计

（2）知识产权创造－效率指标分析。

从6项三级指标江苏省前三位的分布来看，每万人口发明专利拥有量指标前三位依次是南京市、苏州市、无锡市，均为苏南城市；每百亿元GDP专利授权量指标前三位依次是苏州市、常州市、南京市，均为苏南城市；每十亿元GDP发明专利拥有量指标前三位依次是南京市、苏州市、镇江市，均为苏南城市；每百亿元GDP高维持年限发明专利拥有量指标前三位依次是苏州市、南京市、南通市；万企有效注册商标企业数指标前三位依次是南通市、常州市、苏州市；每万户企业注册商标拥有量指标前三位依次是南京市、苏州市、常州市，均为苏南城市。13个设区市中，苏州市6项三级指标均进入江苏省前三位。

从各地区6项三级指标发展的均衡性来看，无锡市、苏州市、淮安市3个设区市6项三级指标江苏省位次的差异不超过3，指标间发展较为均衡（表4-8）。

表 4-8　2023 年江苏知识产权创造-效率及其三级指标

地区	知识产权创造-效率		每万人口发明专利拥有量		每百亿元GDP专利授权量		每十亿元GDP发明专利拥有量		每百亿元GDP高维持年限发明专利拥有量		万企有效注册商标企业数		每万户企业注册商标拥有量	
	指数	排名	指数	排名	指数	排名	指数	排名	指数	排名	指数	排名	指数	排名
南京市	0.8749	1	1.0000	1	0.7868	3	1.0000	1	0.9328	2	0.6000	7	1.0000	1
无锡市	0.7135	5	0.7396	3	0.7418	4	0.6197	6	0.8468	4	0.6207	6	0.7903	4
徐州市	0.5590	7	0.5623	9	0.4630	10	0.6007	7	0.4838	8	0.6565	5	0.5565	8
常州市	0.7470	4	0.7194	5	0.8360	2	0.6197	5	0.7371	6	0.8303	2	0.8081	3
苏州市	0.8590	2	0.8331	2	1.0000	1	0.7537	2	1.0000	1	0.7358	3	0.9592	2
南通市	0.7605	3	0.6802	6	0.6122	6	0.6388	4	0.8820	3	1.0000	1	0.6644	5
连云港市	0.3872	11	0.2724	11	0.3208	13	0.2995	11	0.4391	9	0.5742	8	0.5402	9
淮安市	0.3300	12	0.2523	12	0.3642	12	0.2417	12	0.2331	12	0.5237	10	0.5124	11
盐城市	0.4643	10	0.4415	10	0.6000	7	0.4237	9	0.4130	10	0.4668	13	0.4803	13
扬州市	0.5298	9	0.5761	8	0.5657	8	0.3783	10	0.3648	11	0.7330	4	0.6000	7
镇江市	0.6567	6	0.7217	4	0.6290	5	0.6779	3	0.7967	5	0.4921	12	0.5153	10
泰州市	0.5310	8	0.6000	7	0.5138	9	0.4267	8	0.6000	7	0.5156	11	0.5085	12
宿迁市	0.3057	13	0.1500	13	0.4476	11	0.1761	13	0.1709	13	0.5522	9	0.6004	6

— 43 —

（二）知识产权运用三级指标分析

1. 知识产权运用 – 数量指标

（1）指标设计。

知识产权运用 – 数量指标下设4个三级指标：专利实施许可合同备案量、专利实施许可合同备案涉及专利量、知识产权质押项目数、知识产权技术合同成交数量（图4-9）。

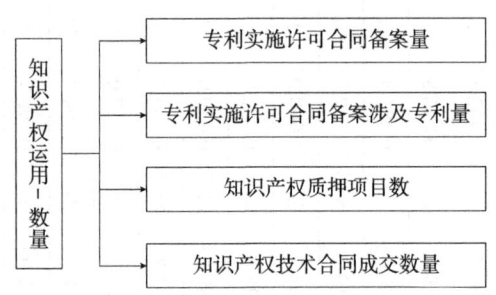

图 4-9 知识产权运用 – 数量三级指标设计

（2）知识产权运用 – 数量指标分析。

从4项三级指标江苏省前三位的分布来看，专利实施许可合同备案量指标前三位依次是南京市、淮安市、徐州市；专利实施许可合同备案涉及专利量指标前三位依次是盐城市、南京市、苏州市；知识产权质押项目数指标前三位依次是苏州市、南京市、盐城市；知识产权技术合同成交数量指标前三位依次是南京市、苏州市、无锡市，均为苏南城市。13个设区市中，南京市4项三级指标均位居江苏省前三位。

从各地区4项三级指标发展的均衡性来看，南京市、宿迁市2个设区市4项三级指标江苏省位次的差异不超过3，指标间发展较为均衡（表4-9）。

表4-9 2023年江苏知识产权运用-数量及其三级指标

地区	知识产权运用-数量		专利实施许可合同备案量		专利实施许可合同备案涉及专利量		知识产权质押项目数		知识产权技术合同成交数量	
	指数	排名	指数	排名	指数	排名	指数	排名	指数	排名
南京市	0.9234	1	1.0000	1	0.8321	2	0.8769	2	1.0000	1
无锡市	0.6119	7	0.6000	7	0.6000	7	0.6339	6	0.6190	3
徐州市	0.6291	5	0.7761	3	0.5697	8	0.6686	5	0.4588	9
常州市	0.5653	8	0.4658	9	0.6033	6	0.6000	7	0.6097	5
苏州市	0.7464	2	0.6226	6	0.7365	3	1.0000	1	0.6295	2
南通市	0.6152	6	0.7277	4	0.4289	10	0.6983	4	0.6189	4
连云港市	0.2580	12	0.0789	12	0.4419	9	0.2154	13	0.3024	12
淮安市	0.6543	4	0.8606	2	0.7316	4	0.4744	8	0.4729	8
盐城市	0.7355	3	0.6665	5	1.0000	1	0.7463	3	0.4488	10
扬州市	0.4091	10	0.2724	10	0.4051	11	0.4141	10	0.6000	7
镇江市	0.4569	9	0.5645	8	0.6204	5	0.2577	12	0.3165	11
泰州市	0.3723	11	0.1855	11	0.3162	12	0.4641	9	0.6021	6
宿迁市	0.1238	13	0.0513	13	0.0238	13	0.3282	11	0.1200	13

2.知识产权运用-效果指标

（1）指标设计。

知识产权运用-效果指标下设3个三级指标：知识产权技术合同成交金额、专利质押融资金额、商标质押融资金额（图4-10）。

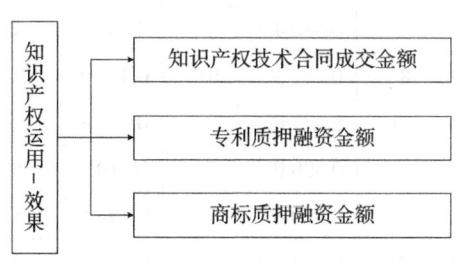

图4-10 知识产权运用-效果三级指标设计

（2）知识产权运用–效果指标分析。

总体来看，知识产权技术合同成交金额、专利质押融资金额、商标质押融资金额3项指标均呈现"苏南高、苏北低"的特征。从3项三级指标江苏省前三位的分布来看，知识产权技术合同成交金额指标前三位依次是南京市、苏州市、无锡市，均为苏南城市；专利质押融资金额指标前三位依次是苏州市、南京市、无锡市，均为苏南城市；商标质押融资金额指标前三位依次是常州市、连云港市、苏州市。13个设区市中，苏州市3项指标均位居全省前两位。

从各地区3项三级指标发展的均衡性来看，无锡市、徐州市、苏州市、南通市、扬州市5个设区市3项三级指标江苏省位次的差异不超过3，指标间发展较为均衡（表4-10）。

表4-10 2023年江苏知识产权运用–效果及其三级指标

地区	知识产权运用–效果		知识产权技术合同成交金额		专利质押融资金额		商标质押融资金额	
	指数	排名	指数	排名	指数	排名	指数	排名
南京市	0.819 2	2	1.000 0	1	0.781 7	2	0.625 9	6
无锡市	0.740 3	3	0.683 2	3	0.755 3	3	0.787 3	4
徐州市	0.300 5	12	0.168 5	12	0.423 6	9	0.010 7	12
常州市	0.665 0	5	0.619 9	5	0.610 6	5	1.000 0	1
苏州市	0.954 3	1	0.925 1	2	1.000 0	1	0.806 9	3
南通市	0.678 7	4	0.620 4	4	0.701 5	4	0.692 8	5
连云港市	0.448 1	8	0.281 3	10	0.423 4	10	0.892 6	2
淮安市	0.419 5	10	0.477 0	9	0.355 8	12	0.591 4	8
盐城市	0.525 0	7	0.590 0	8	0.610 1	6	0.012 0	11
扬州市	0.596 7	6	0.600 0	7	0.594 5	8	0.600 0	7
镇江市	0.422 9	9	0.217 2	11	0.600 0	7	0.037 4	10

续表

地区	知识产权运用 - 效果		知识产权技术合同成交金额		专利质押融资金额		商标质押融资金额	
	指数	排名	指数	排名	指数	排名	指数	排名
泰州市	0.392 2	11	0.603 7	6	0.384 5	11	0.003 9	13
宿迁市	0.232 0	13	0.044 6	13	0.320 2	13	0.210 0	9

（三）知识产权保护三级指标分析

1. 知识产权保护 - 行政执法指标

（1）指标设计。

知识产权保护 - 行政执法指标下设3个三级指标：专利侵权纠纷立案量、专利假冒案件立案量、"正版正货"承诺企业数量（图4-11）。

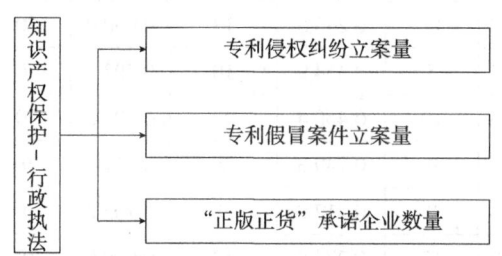

图4-11 知识产权保护 - 行政执法三级指标设计

（2）知识产权保护 - 行政执法指标分析。

从3项三级指标江苏省前三位的分布来看，专利侵权纠纷立案量指标前三位依次是南通市、镇江市、常州市；专利假冒案件立案量指标前三位依次是常州市、盐城市、苏州市；"正版正货"承诺企业数量指标前三位依次是苏州市、盐城市、南京市。

从各地区3项三级指标发展的均衡性来看，无锡市、徐州市、常州市、连云港市、淮安市、扬州市、宿迁市 7 个设区市 3 项三级指标江苏省位次的差异不超过 3，指标间发展较为均衡（表 4-11）。

表 4-11　2023 年江苏知识产权保护 - 行政执法及其三级指标

地区	知识产权保护 - 行政执法		专利侵权纠纷立案量		专利假冒案件立案量		"正版正货"承诺企业数量	
	指数	排名	指数	排名	指数	排名	指数	排名
南京市	0.722 4	4	0.665 5	4	0.600 0	7	0.952 9	3
无锡市	0.654 3	6	0.639 5	5	0.601 6	6	0.741 2	4
徐州市	0.622 7	7	0.608 3	6	0.600 0	7	0.670 6	6
常州市	0.814 8	1	0.686 7	3	1.000 0	1	0.741 2	4
苏州市	0.778 1	2	0.600 0	7	0.783 7	3	1.000 0	1
南通市	0.758 0	3	1.000 0	1	0.638 9	5	0.600 0	7
连云港市	0.220 7	11	0.286 5	11	0.000 0	10	0.420 0	10
淮安市	0.143 7	12	0.243 5	13	0.000 0	10	0.200 0	12
盐城市	0.688 3	5	0.354 9	10	0.797 7	2	0.976 5	2
扬州市	0.324 5	10	0.450 4	8	0.000 0	10	0.580 0	8
镇江市	0.471 6	9	0.749 3	2	0.327 3	9	0.300 0	11
泰州市	0.527 4	8	0.417 0	9	0.705 8	4	0.440 0	9
宿迁市	0.110 9	13	0.276 9	12	0.000 0	10	0.040 0	13

2. 知识产权保护 - 维权援助指标

（1）指标设计。

知识产权保护 - 维权援助指标下设 2 个三级指标：维权援助中心及分支机构数量、维权援助中心举报投诉受理量（图 4-12）。

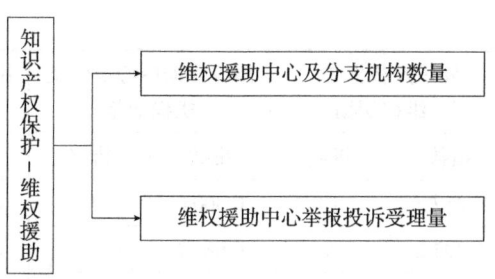

图 4-12　知识产权保护-维权援助三级指标设计

（2）知识产权保护-维权援助指标分析。

从 2 项三级指标江苏省前三位的分布来看，维权援助中心及分支机构数量指标前三位依次是南京市、盐城市、常州市和苏州市；维权援助中心举报投诉受理量指标前三位依次是南通市、南京市、镇江市。13 个设区市中，南京市 2 项指标均位居全省前三位。

从各地区 2 项三级指标发展的均衡性来看，除常州市、南通市、连云港市、盐城市、宿迁市 5 个设区市外，其余 8 个设区市 2 项三级指标江苏省位次的差异不超过 3，指标间发展较为均衡（表 4-12）。

表 4-12　2023 年江苏知识产权保护-维权援助及其三级指标

地区	知识产权保护-维权援助		维权援助中心及分支机构数量		维权援助中心举报投诉受理量	
	指数	排名	指数	排名	指数	排名
南京市	0.991 7	1	1.000 0	1	0.979 2	2
无锡市	0.628 7	4	0.600 0	6	0.671 7	4
徐州市	0.600 0	7	0.600 0	6	0.600 0	7
常州市	0.623 0	5	0.657 1	3	0.571 7	8
苏州市	0.638 9	3	0.657 1	3	0.611 6	6
南通市	0.580 0	8	0.300 0	11	1.000 0	1
连云港市	0.360 0	11	0.600 0	6	0.000 0	13

续表

地区	知识产权保护－维权援助		维权援助中心及分支机构数量		维权援助中心举报投诉受理量	
	指数	排名	指数	排名	指数	排名
淮安市	0.252 5	13	0.300 0	11	0.181 1	11
盐城市	0.495 2	9	0.685 7	2	0.209 4	10
扬州市	0.311 3	12	0.300 0	11	0.328 3	9
镇江市	0.659 2	2	0.600 0	6	0.748 0	3
泰州市	0.611 1	6	0.600 0	6	0.627 7	5
宿迁市	0.422 4	10	0.628 6	5	0.113 2	12

（四）知识产权环境三级指标分析

1. 知识产权环境－管理指标

（1）指标设计。

知识产权环境－管理指标下设5个三级指标：知识产权专项经费投入、知识产权管理机构人员数、省级知识产权示范园区数、知识产权贯标企业数量、知识产权战略推进计划项目数（图4-13）。

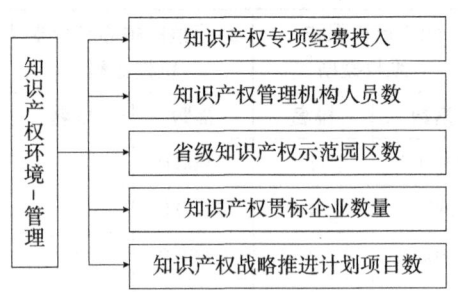

图4-13　知识产权环境－管理三级指标设计

（2）知识产权环境－管理指标分析

从5项三级指标江苏省前三位的分布来看，知识产权专项经费投入指标前三位依次是苏州市、南京市、南通市；知识产权管理机构人员数指标前三位依次是南京市、无锡市和苏州市，均为苏南城市；省级知识产权示范园区数指标并列第一分别是南京市、徐州市、苏州市和盐城市；知识产权贯标企业数量指标前三位依次是南京市、南通市、苏州市；知识产权战略推进计划项目数指标并列第一是常州市和南通市，南京市、徐州市、苏州市、扬州市、镇江市和泰州市并列第三。13个设区市中，南京市、苏州市5项三级指标均进入江苏省前三位。

从各地区5项三级指标发展的均衡性来看，南京市、苏州市2个设区市5项三级指标江苏省位次的差异不超过3，指标间发展较为均衡（表4-13）。

2. 知识产权环境－服务指标

（1）指标设计。

知识产权环境－服务指标下设3个三级指标：专利申请代理率、商标申请代理率、知识产权服务机构数量（图4-14）。

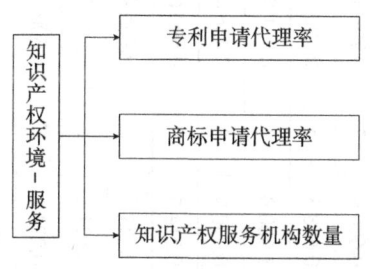

图4-14　知识产权环境－服务三级指标设计

（2）知识产权环境－服务指标分析。

总体来看，知识产权服务机构数量指标呈现"苏南高、苏北低"的特征。从3项三级指标江苏省前三位的分布来看，专利申请代理率指标前三位依次是连云港市、扬州市、宿迁市；商标申请代理率指标前三位依次是淮安市、扬州市、泰州市；知识产权服务机构数量指标前三位依次是苏州市、南

表 4-13 2023 年江苏知识产权环境－管理及其三级指标

地区	知识产权环境－管理		知识产权专项经费投入		知识产权管理机构人员数		省级知识产权示范园区数		知识产权贯标企业数量		知识产权战略推进计划项目数	
	指数	排名	指数	排名	指数	排名	指数	排名	指数	排名	指数	排名
南京市	0.8258	1	0.7674	2	1.0000	1	1.0000	1	1.0000	1	0.6000	3
无锡市	0.3917	10	0.6898	4	0.7818	2	0.6000	5	0.6000	7	0.0000	9
徐州市	0.6737	5	0.6000	7	0.7091	4	1.0000	1	0.4964	10	0.6000	3
常州市	0.7137	4	0.6683	5	0.4909	10	0.3000	8	0.7176	5	1.0000	1
苏州市	0.7704	3	1.0000	1	0.7818	2	1.0000	1	0.8556	3	0.6000	3
南通市	0.7925	2	0.7399	3	0.4364	12	0.6000	5	0.8875	2	1.0000	1
连云港市	0.1898	13	0.5145	9	0.6000	6	0.0000	12	0.3155	12	0.0000	9
淮安市	0.2007	12	0.4812	10	0.4364	12	0.3000	8	0.2474	13	0.0000	9
盐城市	0.4550	9	0.6211	6	0.6000	6	1.0000	1	0.7470	4	0.0000	9
扬州市	0.4991	8	0.2740	13	0.6000	6	0.3000	8	0.4268	11	0.6000	3
镇江市	0.5810	6	0.4661	11	0.4909	10	0.6000	5	0.6383	6	0.6000	3
泰州市	0.5480	7	0.5375	8	0.6727	5	0.3000	8	0.5567	9	0.6000	3
宿迁市	0.2348	11	0.3893	12	0.6000	6	0.0000	12	0.5938	8	0.0000	9

京市、无锡市，均为苏南城市。

从各地区3项三级指标发展的均衡性来看，徐州市、常州市2个设区市3项三级指标江苏省位次的差异不超过3，指标间发展较为均衡（表4-14）。

表4-14　2023年江苏知识产权环境–服务及其三级指标

地区	知识产权环境–服务		专利申请代理率		商标申请代理率		知识产权服务机构数量	
	指数	排名	指数	排名	指数	排名	指数	排名
南京市	0.5963	12	0.5886	11	0.5575	13	0.8830	2
无锡市	0.6062	11	0.5962	9	0.5930	9	0.7185	3
徐州市	0.6910	4	0.7266	5	0.6812	5	0.6887	4
常州市	0.6236	9	0.7078	6	0.5945	8	0.6595	5
苏州市	0.6231	10	0.5690	13	0.5847	11	1.0000	1
南通市	0.6271	7	0.5747	12	0.6409	6	0.6355	6
连云港市	0.7196	3	1.0000	1	0.6827	4	0.4171	11
淮安市	0.8495	2	0.5987	8	1.0000	1	0.2971	13
盐城市	0.5694	13	0.6000	7	0.5758	12	0.4629	9
扬州市	0.8996	1	0.9702	2	0.9222	2	0.6000	7
镇江市	0.6304	6	0.8404	4	0.6000	7	0.4229	10
泰州市	0.6784	5	0.5893	10	0.7322	3	0.4800	8
宿迁市	0.6243	8	0.8689	3	0.5914	10	0.3657	12

3.知识产权环境–人才指标

（1）指标设计。

知识产权环境–人才指标下设2个三级指标：通过全国专利代理师资格考试人数、知识产权副高级以上职称人数（图4-15）。

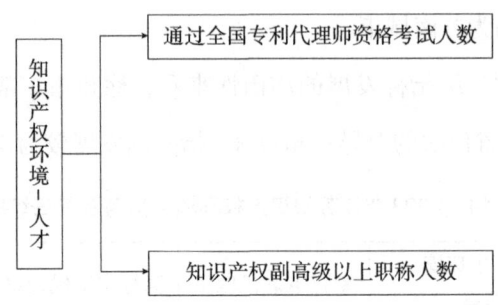

图 4-15　知识产权环境 - 人才三级指标设计

（2）知识产权环境 - 人才指标分析

总体来看，通过全国专利代理师资格考试人数指标呈现"苏南高、苏北低"的特征。从 2 项三级指标江苏省前三位的分布来看，通过全国专利代理师资格考试人数指标前三位分别是南京市、苏州市、无锡市，均为苏南城市；知识产权副高级以上职称人数指标前三位均依次是苏州市、南京市、常州市和镇江市。13 个设区市中，南京市、苏州市 2 项三级指标均为江苏省第一位或第二位。

从各地区 2 项三级指标发展的均衡性来看，徐州市、连云港市、扬州市 3 个设区市 2 项三级指标江苏省位次的差异均为 0，除无锡市、盐城市、镇江市、宿迁市外，其余 9 个设区市 2 项三级指标江苏省位次的差异不超过 3，指标间发展较为均衡（表 4-15）。

表 4-15　2023 年江苏知识产权环境 - 人才及其三级指标

地区	知识产权环境 - 人才		通过全国专利代理师资格考试人数		知识产权副高级以上职称人数	
	指数	排名	指数	排名	指数	排名
南京市	0.966 7	2	1.000 0	1	0.933 3	2
无锡市	0.355 3	10	0.710 5	3	0.000 0	11
徐州市	0.663 6	4	0.660 5	5	0.666 7	5

续表

地区	知识产权环境－人才		通过全国专利代理师资格考试人数		知识产权副高级以上职称人数	
	指数	排名	指数	排名	指数	排名
常州市	0.736 8	3	0.673 7	4	0.800 0	3
苏州市	0.977 6	1	0.955 3	2	1.000 0	1
南通市	0.600 0	6	0.600 0	7	0.600 0	6
连云港市	0.078 3	12	0.156 5	11	0.000 0	11
淮安市	0.039 1	13	0.078 3	12	0.000 0	11
盐城市	0.443 5	9	0.287 0	10	0.600 0	6
扬州市	0.601 3	5	0.602 6	6	0.600 0	6
镇江市	0.556 5	7	0.313 0	9	0.800 0	3
泰州市	0.495 7	8	0.391 3	8	0.600 0	6
宿迁市	0.339 1	11	0.078 3	12	0.600 0	6

第五章　地区知识产权实力分项指标分析

一、南京市知识产权实力分项指标分析

2023年南京市知识产权实力指数为0.854 8，位居全省首位。如图5-1所示，南京市知识产权创造、知识产权运用、知识产权保护和知识产权环境4项一级指标发展比较均衡。

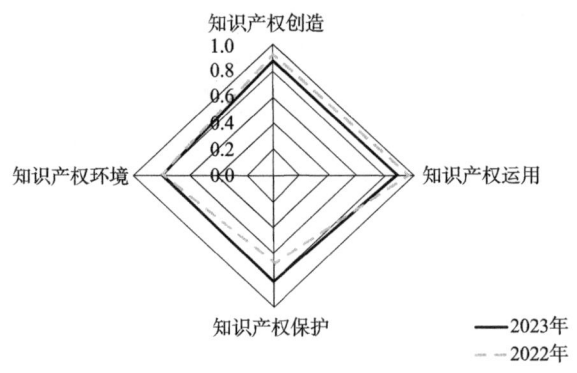

图 5-1　2022—2023 年南京市知识产权实力一级指标指数

2023 年，南京市知识产权创造指标指数为 0.884 8，位居全省首位。知

识产权创造-数量、知识产权创造-质量和知识产权创造-效率3项二级指标分别位居全省第2位、第1位、第1位。16项三级指标中，有14项指标位居全省前三位；有6项指标位居全省首位；集成电路布图设计登记发证数量、发明专利授权率、专利获奖数量、每万户企业注册商标拥有量4项指标分别居全省第3位、第3位、第2位、第1位，排名较2022年指标位次分别下降2位、下降2位、下降1位、上升1位。截至2023年年底，南京市有效发明专利量139 331件，同比增长22.45%。从技术领域小类来看，有效发明专利量前三位的技术领域分别是计算机技术19 092件，电机、电气装置、电能10 362件，测量10 093件，合计39 547件，占南京市有效发明专利总量的28.38%。从重点企业专利权人来看，有效发明专利量前三位的企业分别是国电南瑞科技股份有限公司1 595件、南京南瑞继保电气有限公司1 095件、上海梅山钢铁股份有限公司719件。

从先进制造业集群发明专利授权量来看，2023年南京市软件与信息服务产业集群发明专利授权量6 155件，居全省第1位；其中，工业软件领域发明专利授权量达到3 562件，居全省第1位。从重点企业来看，南京芯驰半导体科技有限公司、中国电子科技集团公司第二十八研究所、江苏苏宁云计算有限公司2023年度软件与信息服务产业发明专利授权量分别为68件、57件、46件。依托较为完善的电子信息制造产业链，南京市集聚了众多软件和信息技术服务业重点企业。2023年南京市软件与信息技术服务业规模达8 000亿元，位居全省首位。

2023年，南京市知识产权运用指标指数为0.884 3，位居全省首位。知识产权运用-数量和知识产权运用-效果2项二级指标分别位居全省第1位、第2位。7项三级指标中，专利实施许可合同备案量、知识产权技术合同成交数量、知识产权技术合同成交金额3项指标均位居全省首位；专利实施许可合同备案涉及专利量、知识产权质押项目数、商标质押融资金额 3 项指标分别位居全省第 2 位、第 2 位、第 6 位，排名较 2022 年指标位次分别下降 1 位、下降 1 位、上升 3 位。

2023 年，南京市知识产权保护指标指数为 0.823 4，位居全省第 1 位，较 2022 年指标位次上升 5 位。知识产权保护 - 行政执法和知识产权保护 - 维权援助 2 项二级指标分别位居全省第 4 位、第 1 位。5 项三级指标中，维权援助中心及分支机构数量指标位居全省首位，排名较 2022 年指标位次上升 2 位；专利假冒案件立案量、"正版正货"承诺企业数量、维权援助中心举报投诉受理量 3 项指标分别位居全省第 7 位、第 3 位、第 2 位，排名较 2022 年指标位次分别上升 1 位、上升 1 位、上升 3 位。

2023 年，南京市知识产权环境指标指数为 0.796 6，位居全省第 1 位，较 2022 年指标位次上升 1 位。知识产权环境 - 管理、知识产权环境 - 服务和知识产权环境 - 人才 3 项二级指标分别位居全省第 1 位、第 12 位、第 2 位，其中，知识产权环境 - 管理指标排名较 2022 年上升 1 位，知识产权环境 - 服务指标排名下降 3 位。10 项三级指标中，有 8 项三级指标位居全省前三位；省级知识产权示范园区数、知识产权贯标企业数量、专利申请代理率、通过全国专利代理师资格考试人数 4 项分别位居全省第 1 位、第 1 位、第 11 位、第 1 位，排名较 2022 年指标位次分别上升 1 位、上升 1 位、下降 8 位、上升 1 位。（表 5-1）。

表 5-1　南京市知识产权实力分项指标指数

序号	指标	2023 年		2022 年	
		指数	排名	指数	排名
	知识产权实力指数	0.854 8	1	0.839 3	1
	知识产权创造	0.884 8	1	0.904 7	1

续表

序号	指标	2023年 指数	2023年 排名	2022年 指数	2022年 排名
	数量	0.8297	2	0.8493	2
1	专利授权量	0.7775	2	0.7775	2
2	发明专利授权量	1.0000	1	1.0000	1
3	PCT国际专利申请量	0.7842	2	0.7818	2
4	商标注册量	0.9169	2	0.9084	2
5	地理标志商标数量	0.6060	5	0.6182	5
6	集成电路布图设计登记发证数量	0.8785	3	1.0000	1
	质量	0.9377	1	1.0000	1
7	发明专利授权量占比	1.0000	1	1.0000	1
8	发明专利授权率	0.7262	3	1.0000	1
9	高价值发明专利拥有量	1.0000	1	1.0000	1
10	专利获奖数量	0.8625	2	1.0000	1
	效率	0.8749	1	0.8741	1
11	每万人口发明专利拥有量	1.0000	1	1.0000	1
12	每百亿元GDP专利授权量	0.7868	3	0.8006	3
13	每十亿元GDP发明专利拥有量	1.0000	1	1.0000	1
14	每百亿元GDP高维持年限发明专利拥有量	0.9328	2	0.9211	2
15	万企有效注册商标企业数	0.6000	7	0.6000	7
16	每万户企业注册商标拥有量	1.0000	1	0.9819	2
	知识产权运用	0.8843	1	0.9505	1
	数量	0.9234	1	1.0000	1
17	专利实施许可合同备案量	1.0000	1	1.0000	1
18	专利实施许可合同备案涉及专利量	0.8321	2	1.0000	1
19	知识产权质押项目数	0.8769	2	1.0000	1
20	知识产权技术合同成交数量	1.0000	1	1.0000	1
	效果	0.8192	2	0.8680	2

续表

序号	指标	2023年 指数	2023年 排名	2022年 指数	2022年 排名
21	知识产权技术合同成交金额	1.000 0	1	1.000 0	1
22	专利质押融资金额	0.781 7	2	0.940 1	2
23	商标质押融资金额	0.625 9	6	0.279 8	9
	知识产权保护	0.823 4	1	0.655 5	6
	行政执法	0.722 4	4	0.634 1	5
24	专利侵权纠纷立案量	0.665 5	4	0.687 3	4
25	专利假冒案件立案量	0.600 0	7	0.400 0	8
26	"正版正货"承诺企业数量	0.952 9	3	0.866 7	4
	维权援助	0.991 7	1	0.691 1	3
27	维权援助中心及分支机构数量	1.000 0	1	0.733 3	3
28	维权援助中心举报投诉受理量	0.979 2	2	0.627 8	5
	知识产权环境	0.796 6	1	0.781 0	2
	管理	0.825 8	1	0.831 1	2
29	知识产权专项经费投入	0.767 4	2	0.821 6	2
30	知识产权管理机构人员数	1.000 0	1	1.000 0	1
31	省级知识产权示范园区数	1.000 0	1	0.800 0	2
32	知识产权贯标企业数量	1.000 0	1	0.908 1	2
33	知识产权战略推进计划项目数	0.600 0	3	0.736 7	3
	服务	0.596 3	12	0.642 4	9
34	专利申请代理率	0.588 6	11	0.784 4	3
35	商标申请代理率	0.557 5	13	0.567 5	13
36	知识产权服务机构数量	0.883 0	2	0.883 0	2
	人才	0.966 7	2	0.816 2	2
37	通过全国专利代理师资格考试人数	1.000 0	1	0.932 3	2
38	知识产权副高级以上职称人数	0.933 3	2	0.700 0	2

二、无锡市知识产权实力分项指标分析

2023 年无锡市知识产权实力指数为 0.627 3，位居全省第 5 位。如图 5-2 所示，无锡市除知识产权环境指标外，知识产权创造、知识产权运用和知识产权保护 3 项一级指标发展较为均衡。

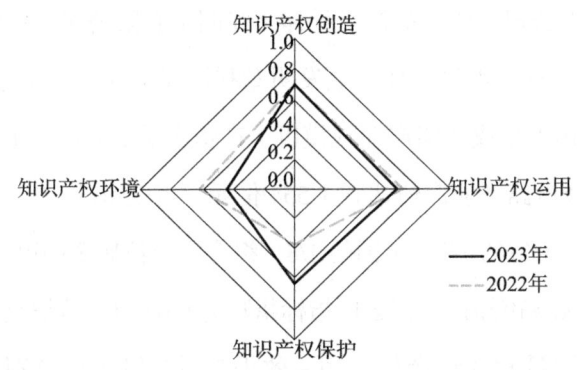

图 5-2 2022—2023 年无锡市知识产权实力一级指标指数

2023 年，无锡市知识产权创造指标指数为 0.696 9，位居全省第 4 位，较 2022 年指标位次上升 1 位。知识产权创造－数量、知识产权创造－质量和知识产权创造－效率 3 项二级指标分别位居全省第 3 位、第 4 位、第 5 位。16 项三级指标中，有 7 项指标位居全省前三位；PCT 国际专利申请量、发明专利授权率、万企有效注册商标企业数 3 项指标分别位居全省第 4 位、第 9 位、第 6 位，排名较 2022 年指标位次分别下降第 1 位、下降 2 位、下降 2 位。截至 2023 年年底，无锡市有效发明专利量 55 973 件，同比增长 25.12%。从技术领域小类来看，有效发明专利量前三位的技术领域分别是机器工具 4 048 件，电机、电气装置、电能 3 600 件，生物技术 3 595 件，合计 1 1243 件，占无锡市有效发明专利总量的 20.09%。从重点企业专利权人来看，有效发明专利量前三位的企业分别是无锡小天鹅电器有限公司 1 904 件、

无锡华润上华科技有限公司 703 件、华进半导体封装先导技术研发中心有限公司 402 件。

从先进制造业集群发明专利授权量来看，2023 年无锡市半导体产业集群发明专利授权量 540 件，仅次于苏州市，居全省第 2 位；其中，无锡市集成电路领域发明专利授权量 434 件，居全省第 2 位。从重点企业来看，江苏三月科技股份有限公司、盛合晶微半导体（江阴）有限公司、华虹半导体（无锡）有限公司 2023 年度半导体产业发明专利授权量分别为 55 件、30 件、27 件。2023 年无锡市集成电路产业规模以上产值突破 2 400 亿元大关，其中无锡市高新区集成电路产业产值达到 1 554 亿元，占全市的 2/3。无锡市集成电路产业规模约占全省的 1/2、全国的 1/8，综合实力位居全国第二。

2023 年，无锡市知识产权运用指标指数为 0.660 1，位居全省第 3 位。知识产权运用 - 数量和知识产权运用 - 效果 2 项二级指标分别位居全省第 7 位、第 3 位，排名较 2022 年指标位次分别下降 5 位、上升 1 位。7 项三级指标中，专利质押融资金额、商标质押融资金额 2 项指标分别位居全省第 3 位、第 4 位，排名较 2022 年指标位次分别上升 1 位、上升 3 位；专利实施许可合同备案量、专利实施许可合同备案涉及专利量、知识产权质押项目数、知识产权技术合同成交数量 4 项指标排名较 2022 年指标位次均有所下降。

2023 年，无锡市知识产权保护指标指数为 0.644 7，位居全省第 5 位，较 2022 年指标位次上升 7 位。知识产权保护 - 行政执法和知识产权保护 - 维权援助 2 项二级指标分别位居全省第 6 位、第 4 位，排名较 2022 年指标位次分别上升 7 位、上升 4 位。5 项三级指标中，维权援助中心及分支机构数量指标位居全省第 6 位，排名较 2022 年指标位次下降 4 位；其他 4 项指标较 2022 年指标位次均有所上升。

2023 年，无锡市知识产权环境指标指数为 0.438 0，位居全省第 10 位，较 2022 年指标位次下降 6 位。知识产权环境-管理、知识产权环境-服务和知识产权环境-人才 3 项二级指标分别位居全省第 10 位、第 11 位、第 10 位，排名较 2022 年指标位次分别下降 7 位、下降 3 位、下降 1 位。10 项三级指标中，3 项指标位居全省前三；知识产权副高级以上职称人数指标指数为 0，与 2022 年指标指数相同（表 5-2）。

表 5-2 无锡市知识产权实力分项指标指数

序号	指标	2023 年		2022 年	
		指数	排名	指数	排名
	知识产权实力指数	0.627 3	5	0.617 4	5
	知识产权创造	0.696 9	4	0.694 2	5
	数量	0.717 3	3	0.696 1	3
1	专利授权量	0.731 3	3	0.726 4	3
2	发明专利授权量	0.728 1	3	0.682 6	3
3	PCT 国际专利申请量	0.670 5	4	0.673 9	3
4	商标注册量	0.712 8	3	0.705 2	3
5	地理标志商标数量	0.473 7	10	0.500 0	10
6	集成电路布图设计登记发证数量	0.972 8	2	0.885 0	3
	质量	0.650 7	4	0.645 5	7
7	发明专利授权量占比	0.600 0	7	0.589 3	8
8	发明专利授权率	0.595 8	9	0.600 0	7
9	高价值发明专利拥有量	0.725 8	3	0.758 8	3
10	专利获奖数量	0.725 0	3	0.678 7	3
	效率	0.713 5	5	0.717 5	5
11	每万人口发明专利拥有量	0.739 6	3	0.736 3	3
12	每百亿元 GDP 专利授权量	0.741 8	4	0.743 8	4
13	每十亿元 GDP 发明专利拥有量	0.619 7	6	0.600 0	7
14	每百亿元 GDP 高维持年限发明专利拥有量	0.846 8	4	0.849 3	4

续表

序号	指标	2023年		2022年	
		指数	排名	指数	排名
15	万企有效注册商标企业数	0.620 7	6	0.694 0	4
16	每万户企业注册商标拥有量	0.790 3	4	0.637 9	5
	知识产权运用	0.660 1	3	0.707 8	3
	数量	0.611 9	7	0.692 1	2
17	专利实施许可合同备案量	0.600 0	7	0.623 1	6
18	专利实施许可合同备案涉及专利量	0.600 0	7	0.709 6	4
19	知识产权质押项目数	0.633 9	6	0.801 5	4
20	知识产权技术合同成交数量	0.619 0	3	0.632 8	2
	效果	0.740 3	3	0.734 0	4
21	知识产权技术合同成交金额	0.683 2	3	0.677 7	3
22	专利质押融资金额	0.755 3	3	0.788 8	4
23	商标质押融资金额	0.787 3	4	0.600 0	7
	知识产权保护	0.644 7	5	0.377 3	12
	行政执法	0.654 3	6	0.282 6	13
24	专利侵权纠纷立案量	0.639 5	5	0.608 5	6
25	专利假冒案件立案量	0.601 6	6	—	—
26	"正版正货"承诺企业数量	0.741 2	4	0.227 0	12
	维权援助	0.628 7	4	0.535 1	8
27	维权援助中心及分支机构数量	0.600 0	6	0.866 7	2
28	维权援助中心举报投诉受理量	0.671 7	4	0.037 7	11
	知识产权环境	0.438 0	10	0.613 5	4
	管理	0.391 7	10	0.692 9	3
29	知识产权专项经费投入	0.689 8	4	0.638 8	4
30	知识产权管理机构人员数	0.781 8	2	0.753 8	4
31	省级知识产权示范园区数	0.600 0	5	0.750 0	3
32	知识产权贯标企业数量	0.600 0	7	0.763 5	4

续表

序号	指标	2023年 指数	2023年 排名	2022年 指数	2022年 排名
33	知识产权战略推进计划项目数	—	—	0.6152	6
	服务	0.6062	11	0.6479	8
34	专利申请代理率	0.5962	9	0.8234	2
35	商标申请代理率	0.5930	9	0.5876	11
36	知识产权服务机构数量	0.7185	3	0.7185	3
	人才	0.3553	10	0.3523	9
37	通过全国专利代理师资格考试人数	0.7105	3	0.7046	3
38	知识产权副高级以上职称人数	—	—	—	—

注："—"表示该项指标指数得分为0，无法排名。下文表格中不再赘述。

三、徐州市知识产权实力分项指标分析

2023年徐州市知识产权实力指数为0.5989，位居全省第6位。如图5-3所示，徐州市知识产权创造、知识产权运用、知识产权保护和知识产权环境4项一级指标发展不均衡，知识产权创造、知识产权保护和知识产权环境3项指标指数高于知识产权运用指标指数。

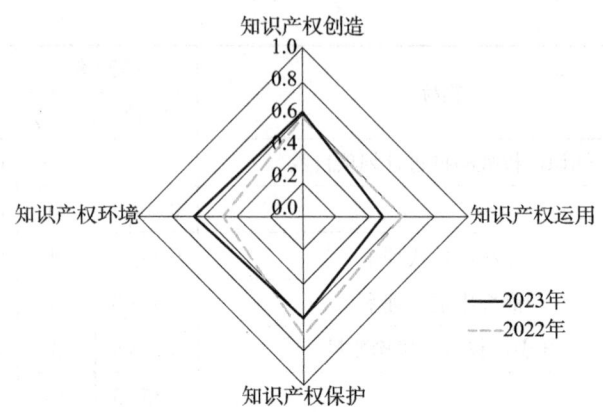

图 5-3 2022—2023 年徐州市知识产权实力一级指标指数

2023 年，徐州市知识产权创造指标指数为 0.599 1，位居全省第 7 位。知识产权创造 - 数量、知识产权创造 - 质量和知识产权创造 - 效率 3 项二级指标分别位居全省第 6 位、第 3 位、第 7 位。16 项三级指标中，专利授权量、发明专利授权率、专利获奖数量、每万人口发明专利拥有量 4 项指标分别位居全省第 8 位、第 6 位、第 7 位、第 9 位，排名较 2022 年指标位次均下降 2 位；PCT 国际专利申请量、地理标志商标数量、高价值发明专利拥有量、每百亿元 GDP 高维持年限发明专利拥有量 4 项指标分别居全省第 6 位、第 7 位、第 7 位、第 8 位，排名较 2022 年指标位次均有所上升。截至 2023 年年底，徐州市有效发明专利量 30 494 件，同比增长 19.29%。从技术领域小类来看，有效发明专利量前三位的技术领域分别是土木工程 3 902 件，机器工具 2 855 件，装卸 2 629 件，合计 9 386 件，占徐州市有效发明专利总量的 30.78%。从重点企业专利权人来看，有效发明专利量前三位的企业分别是徐州重型机械有限公司 581 件、江苏徐工工程机械研究院有限公司 564 件、徐州博创建设发展集团有限公司 427 件。

从先进制造业集群发明专利授权量来看，2023 年徐州市高端装备产业集群发明专利授权量1 177件，居全省第5位；其中，徐州市工程机械领域发明专利授权量361件，居全省第1位。从重点企业来看，江苏徐工工程机械研究院有限公司、徐州徐工挖掘机械有限公司、徐工集团工程机械股份有限公司科技分公司2023年高端装备产业发明专利授权量分别为68件、38件、20件。徐州市拥有国家级制造业单项冠军企业14家，国家级专精特新"小巨人"企业41家、省级专精特新中小企业458家。尤其是工程机械产业，集聚了全球第一的卡特彼勒公司和全球第三、全国第一的徐工集团。2023年徐工集团实现营业收入928.48亿元，在2023年中国制造业企业500强榜单中，徐工集团排名第55位。徐州市已形成完整的工程机械产业集群，集聚了1 800余家工程机械上下游企业。

2023年，徐州市知识产权运用指标指数为0.505 9，位居全省第8位，较2022年指标位次下降2位，知识产权运用-数量和知识产权运用-效果2项二级指标分别位居全省第5位、第12位，排名较2022年指标位次分别下降1位、下降5位。7项三级指标中，专利实施许可合同备案涉及专利量、专利质押融资金额、商标质押融资金额3项指标分别位居全省第8位、第9位、第12位，排名较2022年指标位次分别下降5位、下降4位、下降7位；知识产权技术合同成交数量指标位居全省第9位，排名较2022年指标位次上升2位。

2023年，徐州市知识产权保护指标指数为0.614 2，位居全省第7位，较2022年指标下降5位，知识产权保护-行政执法和知识产权保护-维权援助2项二级指标均位居全省第7位，排名较2022年指标位次分别下降1位、下降6位。5项三级指标中，专利侵权纠纷立案量、专利假冒案件立案量2项指标分别居全省第6位、第7位，排名较2022年指标位次分别上升2位、上升1位；"正版正货"承诺企业数量、维权援助中心及分支机构数量、维权援助中心举报投诉受理量3项指标分别位居全省第6位、第6位、第7位，排名较2022年指标位次均有下降。

2023年，徐州市知识产权环境指标指数为0.6760，位居全省第5位，较2022年指标位次下降5位。知识产权环境－管理、知识产权环境－服务和知识产权环境－人才3项二级指标分别位居全省第5位、第4位、第4位，排名较2022年指标位次分别上升4位、上升1位、上升6位。10项三级指标中，知识产权管理机构人员数、省级知识产权示范园区数、知识产权贯标企业数量、知识产权战略推进计划项目数、知识产权副高级以上职称人数5项指标分别位居全省第4位、第1位、第10位、第3位、第5位，排名较2022年指标位次均有所上升（表5-3）。

表5-3 徐州市知识产权实力分项指标指数

序号	指标	2023年		2022年	
		指数	排名	指数	排名
	知识产权实力指数	0.5989	6	0.5980	6
	知识产权创造	0.5991	7	0.5945	7
	数量	0.6114	6	0.6130	6
1	专利授权量	0.5948	8	0.6084	6
2	发明专利授权量	0.6273	6	0.6356	6
3	PCT国际专利申请量	0.6000	6	0.6000	7
4	商标注册量	0.6824	4	0.7031	4
5	地理标志商标数量	0.6000	7	0.5667	8
6	集成电路布图设计登记发证数量	0.6000	7	0.6000	7
	质量	0.6738	3	0.6492	6
7	发明专利授权量占比	0.7497	2	0.7496	2
8	发明专利授权率	0.6422	6	0.6805	4
9	高价值发明专利拥有量	0.6000	7	0.4217	9

续表

序号	指标	2023年 指数	2023年 排名	2022年 指数	2022年 排名
10	专利获奖数量	0.6000	7	0.6590	5
	效率	0.5590	7	0.5624	7
11	每万人口发明专利拥有量	0.5623	9	0.6000	7
12	每百亿元GDP专利授权量	0.4630	10	0.5774	9
13	每十亿元GDP发明专利拥有量	0.6000	7	0.6011	6
14	每百亿元GDP高维持年限发明专利拥有量	0.4838	8	0.3555	10
15	万企有效注册商标企业数	0.6565	5	0.6459	5
16	每万户企业注册商标拥有量	0.5565	8	0.6000	7
	知识产权运用	0.5059	8	0.6058	6
	数量	0.6291	5	0.6823	4
17	专利实施许可合同备案量	0.7761	3	0.7962	3
18	专利实施许可合同备案涉及专利量	0.5697	8	0.7447	3
19	知识产权质押项目数	0.6686	5	0.7504	5
20	知识产权技术合同成交数量	0.4588	9	0.3536	11
	效果	0.3005	12	0.4784	7
21	知识产权技术合同成交金额	0.1685	12	0.0911	12
22	专利质押融资金额	0.4236	9	0.6162	5
23	商标质押融资金额	0.0107	12	0.6325	5
	知识产权保护	0.6142	7	0.7067	2
	行政执法	0.6227	7	0.6267	6
24	专利侵权纠纷立案量	0.6083	6	0.5630	8
25	专利假冒案件立案量	0.6000	7	0.4000	8
26	"正版正货"承诺企业数量	0.6706	6	1.0000	1
	维权援助	0.6000	7	0.8400	1
27	维权援助中心及分支机构数量	0.6000	6	0.7333	3
28	维权援助中心举报投诉受理量	0.6000	7	1.0000	1

续表

序号	指标	2023 年 指数	2023 年 排名	2022 年 指数	2022 年 排名
	知识产权环境	0.676 0	5	0.488 4	10
	管理	0.673 7	5	0.464 8	9
29	知识产权专项经费投入	0.600 0	7	0.600 0	7
30	知识产权管理机构人员数	0.709 1	4	0.692 3	5
31	省级知识产权示范园区数	1.000 0	1	0.700 0	4
32	知识产权贯标企业数量	0.496 4	10	0.321 9	11
33	知识产权战略推进计划项目数	0.600 0	3	0.307 7	10
	服务	0.691 0	4	0.668 8	5
34	专利申请代理率	0.726 6	5	0.713 3	4
35	商标申请代理率	0.681 2	5	0.653 3	5
36	知识产权服务机构数量	0.688 7	4	0.688 7	4
	人才	0.663 6	4	0.327 7	10
37	通过全国专利代理师资格考试人数	0.660 5	5	0.655 4	5
38	知识产权副高级以上职称人数	0.666 7	5	—	—

四、常州市知识产权实力分项指标分析

2023 年常州市知识产权实力指数为 0.685 1，位居全省第 4 位。如图 5-4 所示，常州市知识产权创造、知识产权运用、知识产权保护和知识产权环境 4 项一级指标发展不均衡，知识产权创造、知识产权保护和知识产权环境 3 项指标指数高于知识产权运用指标指数。

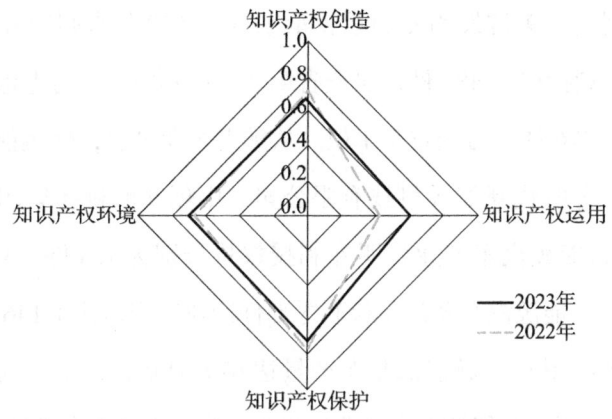

图 5-4　2022—2023 年常州市知识产权实力一级指标指数

2023 年，常州市知识产权创造指标指数为 0.692 1，位居全省第 5 位，较 2022 年指标位次下降 2 位。知识产权创造 – 数量、知识产权创造 – 质量和知识产权创造 – 效率 3 项二级指标分别位居全省第 5 位、第 7 位、第 4 位，其中知识产权创造 – 质量和效率指标较 2022 年指标位次分别下降 4 位、下降 1 位。16 项三级指标中，PCT 国际专利申请量、专利获奖数量 2 项指标分别位居全省第 3 位、第 4 位，排名较 2022 年指标位次分别上升 1 位、上升 2 位；发明专利授权量占比、发明专利授权率、高价值发明专利拥有量、每百亿元 GDP 高维持年限发明专利拥有量 4 项指标分别位居全省第 10 位、第 4 位、第 5 位、第 6 位，排名较 2022 年指标位次均有所下降。截至 2023 年年底，常州市有效发明专利量 37 098 件，同比增长 25.53%。从技术领域小类来看，有效发明专利量前三位的技术领域分别是电机、电气装置、电能 4 138 件，机器工具 3 167 件，测量 1 954 件，合计 9 259 件，占常州市有效发明专利总量的 24.96%。从重点企业专利权人来看，有效发明专利量前三位的企业分别是蜂巢能源科技股份有限公司 739 件、诚瑞光学（常州）股份有限公司 356 件、溧阳常大技术转移中心有限公司 348 件。

从先进制造业集群发明专利授权量来看，2023年常州市新能源汽车产业集群发明专利授权量481件，居全省第3位；其中，动力电池领域发明专利授权量达到426件，居全省第1位。从重点企业来看，蜂巢能源科技股份有限公司、江苏时代新能源科技有限公司、中创新航科技集团股份有限公司2023年度新能源汽车产业发明专利授权量分别为108件、32件、22件。2023年常州市新能源汽车及汽车核心零部件产业链产值达1 146.26亿元，同比增长148.7%。其中，新能源整车产量达67.8万辆，占全省新能源汽车产量的61.3%。常州市新能源汽车产业已成为国内新能源汽车领域的创新高地，其动力电池产业链完整度居全国首位。同时，常州市在新能源汽车整车制造、动力电池、光伏等领域形成了完整的产业生态，对全国汽车产业转型具有重要引领作用。

2023年，常州市知识产权运用指标指数为0.602 7，位居全省第6位，较2022年指标位次上升3位。知识产权运用－数量和知识产权运用－效果2项二级指标分别位居全省第8位、第5位，排名较2022年指标位次分别上升1位、上升5位。7项三级指标中，专利实施许可合同备案涉及专利量、专利质押融资金额2项指标分别位居全省第6位、第5位，排名较2022年指标位次分别上升5位、上升7位；知识产权技术合同成交金额指标位居全省第5位，排名较2022年指标位次下降1位。

2023年，常州市知识产权保护指标指数为0.742 8，位居全省第2位，较2022年指标位次下降1位。知识产权保护－行政执法和知识产权保护－维权援助2项二级指标分别位居全省第1位、第5位。5项三级指标中，"正版正货"承诺企业数量、维权援助中心及分支机构数量、维权援助中心举报投诉受理量3项指标分别位居全省第4位、第3位、第8位，排名较2022年指标位次分别下降1位、下降2位、上升8位。

2023 年，常州市知识产权环境指标指数为 0.695 8，位居全省第 4 位，较 2022 年指标位次下降 1 位。知识产权环境－管理、知识产权环境－服务和知识产权环境－人才 3 项二级指标分别位居全省第 4 位、第 9 位、第 3 位，其中，知识产权环境－服务指标较 2022 年位次下降 3 位。10 项三级指标中，知识产权战略推进计划项目数、知识产权副高级以上职称人数 2 项指标分别位居全省第 1 位、第 3 位，排名较 2022 年指标位次均上升 1 位；知识产权管理机构人员数、省级知识产权示范园区数、知识产权贯标企业数量、专利申请代理率、商标申请代理率 5 项指标分别位居全省第 10 位、第 8 位、第 5 位、第 6 位、第 8 位，排名较 2022 年指标位次均有所下降（表 5-4）。

表 5-4　常州市知识产权实力分项指标指数

序号	指标		2023 年		2022 年	
			指数	排名	指数	排名
	知识产权实力指数		0.685 1	4	0.662 4	4
	知识产权创造		0.692 1	5	0.720 8	3
	数量		0.632 3	5	0.630 0	5
1		专利授权量	0.684 3	4	0.681 4	4
2		发明专利授权量	0.669 5	4	0.655 0	4
3		PCT 国际专利申请量	0.670 8	3	0.659 2	4
4		商标注册量	0.640 6	6	0.633 0	6
5		地理标志商标数量	0.473 7	10	0.500 0	10
6		集成电路布图设计登记发证数量	0.614 6	5	0.615 0	5
	质量		0.615 2	7	0.672 3	3
7		发明专利授权量占比	0.541 5	10	0.603 3	6
8		发明专利授权率	0.704 0	4	0.895 7	2
9		高价值发明专利拥有量	0.641 7	5	0.697 4	4
10		专利获奖数量	0.700 0	4	0.645 9	6

续表

序号	指标	2023年 指数	2023年 排名	2022年 指数	2022年 排名
	效率	0.7470	4	0.7708	3
11	每万人口发明专利拥有量	0.7194	5	0.7165	5
12	每百亿元GDP专利授权量	0.8368	2	0.8493	2
13	每十亿元GDP发明专利拥有量	0.6197	5	0.6088	5
14	每百亿元GDP高维持年限发明专利拥有量	0.7371	6	0.7482	5
15	万企有效注册商标企业数	0.8303	2	0.9615	2
16	每万户企业注册商标拥有量	0.8081	3	0.7280	3
	知识产权运用	0.6027	6	0.4339	9
	数量	0.5653	8	0.4299	9
17	专利实施许可合同备案量	0.4658	9	0.4189	9
18	专利实施许可合同备案涉及专利量	0.6033	6	0.1703	11
19	知识产权质押项目数	0.6000	7	0.6000	7
20	知识产权技术合同成交数量	0.6097	5	0.6046	5
	效果	0.6650	5	0.4406	10
21	知识产权技术合同成交金额	0.6199	5	0.6220	4
22	专利质押融资金额	0.6106	5	0.2356	12
23	商标质押融资金额	1.0000	1	1.0000	1
	知识产权保护	0.7428	2	0.7663	1
	行政执法	0.8148	1	0.8661	1
24	专利侵权纠纷立案量	0.6867	3	0.7111	3
25	专利假冒案件立案量	1.0000	1	1.0000	1
26	"正版正货"承诺企业数量	0.7412	4	0.8933	3
	维权援助	0.6230	5	0.6000	5
27	维权援助中心及分支机构数量	0.6571	3	1.0000	1
28	维权援助中心举报投诉受理量	0.5717	8	—	—
	知识产权环境	0.6958	4	0.6703	3

续表

序号	指标	2023 年		2022 年	
		指数	排名	指数	排名
	管理	0.713 7	4	0.685 5	4
29	知识产权专项经费投入	0.668 3	5	0.634 7	5
30	知识产权管理机构人员数	0.490 9	10	0.490 9	9
31	省级知识产权示范园区数	0.300 0	8	0.650 0	6
32	知识产权贯标企业数量	0.717 6	5	0.801 8	3
33	知识产权战略推进计划项目数	1.000 0	1	0.741 8	2
	服务	0.623 6	9	0.662 5	6
34	专利申请代理率	0.707 8	6	0.712 9	5
35	商标申请代理率	0.594 5	8	0.648 5	6
36	知识产权服务机构数量	0.659 5	5	0.659 5	5
	人才	0.736 8	3	0.637 9	3
37	通过全国专利代理师资格考试人数	0.673 7	4	0.675 9	4
38	知识产权副高级以上职称人数	0.800 0	3	0.600 0	4

五、苏州市知识产权实力分项指标分析

2023 年苏州市知识产权实力指数为 0.800 7，位居全省第 2 位。如图 5-5 所示，苏州市知识产权创造、知识产权运用、知识产权保护和知识产权环境 4 项一级指标发展较为均衡。

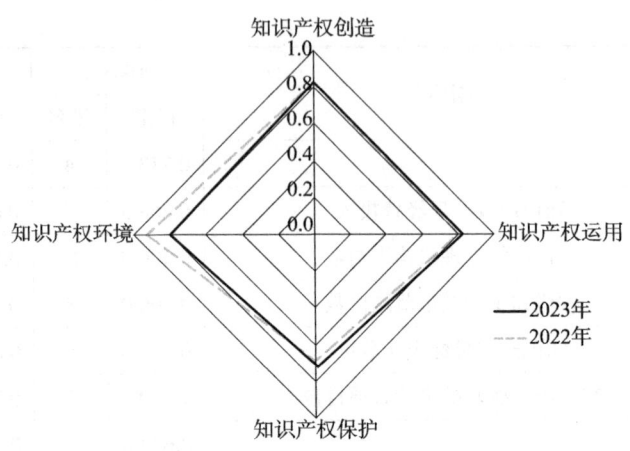

图 5-5　2022—2023 年苏州市知识产权实力一级指标指数

2023 年，苏州市知识产权创造指标指数为 0.839 2，位居全省第 2 位。知识产权创造－数量、知识产权创造－质量和知识产权创造－效率 3 项二级指标分别位居全省第 1 位、第 2 位、第 2 位。16 项三级指标中，13 项指标位居全省前三位，7 项指标位居全省首位；集成电路布图设计登记发证数量、专利获奖数量 2 项指标均位居全省首位，排名较 2022 年指标位次均上升 1 位。截至 2023 年年底，苏州市有效发明专利量 129 899 件，同比增长 24.31%。从技术领域小类来看，有效发明专利量前三位的技术领域分别是计算机技术 11 758 件，机器工具 10 877 件，电机、电气装置、电能 10 816 件，合计 33 451 件，占苏州市有效发明专利总量的 25.75%。从重点企业专利权人来看，有效发明专利量前三位的企业分别是苏州元脑智能科技有限公司 6 402 件、昆山国显光电有限公司 1 627 件、博众精工科技股份有限公司 1 050 件。

从先进制造业集群发明专利授权量来看，2023 年苏州市高端新材料产业集群发明专利授权量 4 902 件，居全省第 1 位；其中，先进金属材料、化工新材料、纳米新材料领域发明专利授权量分别为 1 642 件、726 件和 184

件，分别居全省第 1 位、第 1 位和第 2 位。从重点企业来看，苏州元脑智能科技有限公司、江苏金发科技新材料有限公司、江苏省沙钢钢铁研究院有限公司 2023 年度高端新材料产业发明专利授权量分别为 103 件、72 件、55 件。2023 年苏州市纳米新材料产业规模近 2 300 亿元，集聚相关企业 1 300 家；其中，纳米新材料核心产业集聚企业 600 余家，实现规模以上工业产值 955 亿元。

2023 年，苏州市知识产权运用指标指数为 0.824 4，位居全省第 2 位。知识产权运用 – 数量和知识产权运用 – 效果 2 项二级指标分别位居全省第 2 位、第 1 位。7 项三级指标中，专利实施许可合同备案涉及专利量、知识产权质押项目数、知识产权技术合同成交数量 3 项指标分别位居全省第 3 位、第 1 位、第 2 位，排名较 2022 年指标位次分别上升 3 位、上升 1 位、上升 1 位；专利实施许可合同备案量、商标质押融资金额 2 项指标分别位居全省第 6 位、第 3 位，排名较 2022 年指标位次均下降 1 位。

2023 年，苏州市知识产权保护指标指数为 0.725 9，位居全省第 3 位，较 2022 年指标位次上升 2 位。知识产权保护 – 行政执法和知识产权保护 – 维权援助 2 项二级指标分别位居全省第 2 位、第 3 位，其中，知识产权保护 – 维权援助指标较 2022 年指标位次上升 8 位。5 项三级指标中，"正版正货"承诺企业数量、维权援助中心及分支机构数量、维权援助中心举报投诉受理量 3 项指标分别位居全省第 1 位、第 3 位、第 6 位，排名较 2022 年指标位次分别上升 1 位、上升 2 位、上升 4 位；专利侵权纠纷立案量、专利假冒案件立案量 2 项指标分别位居全省第 7 位、第 3 位，排名较 2022 年指标位次分别下降 2 位、下降 1 位。

2023 年，苏州市知识产权环境指标指数为 0.775 0，位居全省第 2 位，较 2022 年指标位次下降 1 位。知识产权环境 – 管理、知识产权环境 – 服务和知识产权环境-人才3项二级指标分别位居全省第3位、第10位、第1位，其中，知识产权环境-管理和服务指标较2022年位次分别下降2位、下降7位。10项三级指标中，4项指标位居全省首位；5项指标较2022年指标位次有所下降（表5-5）。

表5-5 苏州市知识产权实力分项指标指数

序号	指标	2023年		2022年	
		指数	排名	指数	排名
	知识产权实力指数	0.800 7	2	0.815 7	2
	知识产权创造	0.839 2	2	0.831 4	2
	数量	0.932 8	1	0.895 5	1
1	专利授权量	1.000 0	1	1.000 0	1
2	发明专利授权量	0.974 0	2	0.876 4	2
3	PCT国际专利申请量	1.000 0	1	1.000 0	1
4	商标注册量	1.000 0	1	1.000 0	1
5	地理标志商标数量	0.602 0	6	0.607 3	6
6	集成电路布图设计登记发证数量	1.000 0	1	0.899 1	2
	质量	0.743 3	2	0.706 6	2
7	发明专利授权量占比	0.589 0	8	0.600 0	7
8	发明专利授权率	0.550 7	11	0.588 5	8
9	高价值发明专利拥有量	0.962 2	2	0.829 6	2
10	专利获奖数量	1.000 0	1	0.908 2	2
	效率	0.859 0	2	0.873 9	2
11	每万人口发明专利拥有量	0.833 1	2	0.829 4	2
12	每百亿元GDP专利授权量	1.000 0	1	1.000 0	1
13	每十亿元GDP发明专利拥有量	0.753 7	2	0.745 2	2
14	每百亿元GDP高维持年限发明专利拥有量	1.000 0	1	1.000 0	1
15	万企有效注册商标企业数	0.735 8	3	0.813 8	3
16	每万户企业注册商标拥有量	0.959 2	2	1.000 0	1

续表

序号	指标	2023 年		2022 年	
		指数	排名	指数	排名
	知识产权运用	0.824 4	2	0.799 1	2
	数量	0.746 4	2	0.684 9	3
17	专利实施许可合同备案量	0.622 6	6	0.630 8	5
18	专利实施许可合同备案涉及专利量	0.736 5	3	0.649 5	6
19	知识产权质押项目数	1.000 0	1	0.834 3	2
20	知识产权技术合同成交数量	0.629 5	2	0.631 1	3
	效果	0.954 3	1	0.989 3	1
21	知识产权技术合同成交金额	0.925 1	2	0.981 5	2
22	专利质押融资金额	1.000 0	1	1.000 0	1
23	商标质押融资金额	0.806 9	3	0.956 5	2
	知识产权保护	0.725 9	3	0.688 3	5
	行政执法	0.778 1	2	0.827 3	2
24	专利侵权纠纷立案量	0.600 0	7	0.633 9	5
25	专利假冒案件立案量	0.783 7	3	0.948 6	2
26	"正版正货"承诺企业数量	1.000 0	1	0.920 0	2
	维权援助	0.638 9	3	0.456 6	11
27	维权援助中心及分支机构数量	0.657 1	3	0.644 4	5
28	维权援助中心举报投诉受理量	0.611 6	6	0.174 9	10
	知识产权环境	0.775 0	2	0.928 1	1
	管理	0.770 4	3	0.977 6	1
29	知识产权专项经费投入	1.000 0	1	1.000 0	1
30	知识产权管理机构人员数	0.781 8	2	0.876 9	2
31	省级知识产权示范园区数	1.000 0	1	1.000 0	1
32	知识产权贯标企业数量	0.855 6	3	1.000 0	1
33	知识产权战略推进计划项目数	0.600 0	3	1.000 0	1
	服务	0.623 1	10	0.761 8	3

续表

序号	指标	2023年		2022年	
		指数	排名	指数	排名
34	专利申请代理率	0.569 0	13	0.552 6	11
35	商标申请代理率	0.584 7	11	0.787 5	3
36	知识产权服务机构数量	1.000 0	1	1.000 0	1
	人才	0.977 6	1	1.000 0	1
37	通过全国专利代理师资格考试人数	0.955 3	2	1.000 0	1
38	知识产权副高级以上职称人数	1.000 0	1	1.000 0	1

六、南通市知识产权实力分项指标分析

2023年南通市知识产权实力指数为0.690 4，位居全省第3位。如图5-6所示，南通市知识产权创造、知识产权运用、知识产权保护和知识产权环境4项一级指标发展不均衡，知识产权运用指标指数低于知识产权创造、知识产权保护和知识产权环境指标指数。

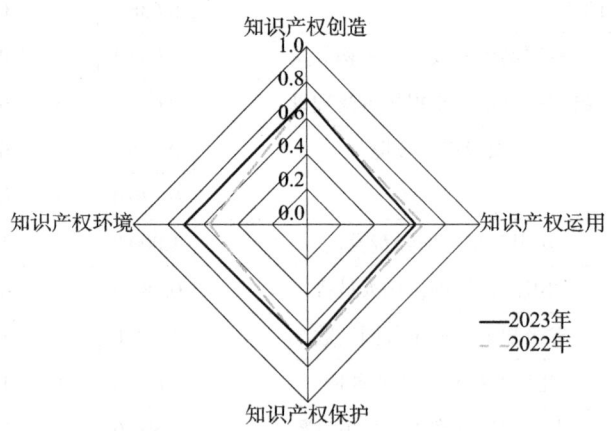

图5-6　2022—2023年南通市知识产权实力一级指标指数

2023 年，南通市知识产权创造指标指数为 0.704 6，位居全省第 3 位，较 2022 年指标位次上升 1 位。知识产权创造-数量、知识产权创造-质量和知识产权创造-效率 3 项二级指标分别位居全省第 4 位、第 6 位、第 3 位，其中，知识产权创造-质量和效率指标较 2022 年位次分别下降 1 位、上升 1 位。16 项三级指标中，PCT 国际专利申请量、高价值发明专利拥有量、每百亿元 GDP 专利授权量 3 项指标分别位居全省第 5 位、第 4 位、第 6 位，排名较 2022 年指标位次分别上升 1 位、上升 2 位、上升 1 位；发明专利授权量占比、发明专利授权率、专利获奖数量、每万户企业注册商标拥有量 4 项指标分别位居全省第 6 位、第 13 位、第 5 位、第 5 位，排名较 2022 年指标位次均有所下降。截至 2023 年年底，南通市有效发明专利量 45 120 件，同比增长 18.85%。从技术领域小类来看，有效发明专利量前三位的技术领域分别是机器工具 4 564 件，电机、电气装置、电能 3 524 件，装卸 2 788 件，合计 10 876 件，占南通市有效发明专利总量的 24.10%。从重点企业专利权人来看，有效发明专利量前三位的企业分别是南通海创物业管理有限公司 296 件、通富微电子股份有限公司 280 件、南通东湖国际旅行社有限公司 236 件。

从先进制造业集群发明专利授权量来看，2023 年南通市高端纺织产业集群发明专利授权量 344 件，居全省第 2 位；其中，品牌服装、化学纤维领域发明专利授权量分别为 242 件、260 件，均居全省第 2 位。从重点企业来看，江苏青昀新材料有限公司、东丽纤维研究所（中国）有限公司、罗莱生活科技股份有限公司 2022 年度高端纺织产业发明专利授权量分别为 17 件、12 件、12 件。高端纺织产业作为南通市最具识别度和标志性的支柱产业、富民产业，规模以上企业共 1 466 家，2023 年产值、营收增幅均在 20% 以上，其中化纤业在江苏嘉通能源有限公司、江苏恒科新材料有限公司、江苏轩达高分子材料有限公司等大企业的拉动下快速增长，产值增长 65.9%，拉动高端纺织产业产值增长 18.9 个百分点。

2023 年，南通市知识产权运用指标指数为 0.639 0，位居全省第 5 位，较 2022 年指标位次下降 1 位。知识产权运用－数量和知识产权运用－效果 2 项二级指标分别位居全省第 6 位、第 4 位，其中，知识产权运用－效果指标较 2022 年位次下降 1 位。7 项三级指标中，专利实施许可合同备案量、知识产权技术合同成交金额 2 项指标均位居全省第 4 位，排名较 2022 年指标位次分别上升 4 位、上升 1 位；专利实施许可合同备案涉及专利量、知识产权质押项目数、专利质押融资金额、商标质押融资金额 4 项指标分别位居全省第 10 位、第 4 位、第 4 位、第 5 位，排名较 2022 年指标位次均下降 1 位。

2023 年，南通市知识产权保护指标指数为 0.691 3，位居全省第 4 位，较 2022 年指标位次下降 1 位。知识产权保护－行政执法和知识产权保护－维权援助 2 项二级指标分别位居全省第 3 位、第 8 位，其中，知识产权保护－维权援助指标排名位次较 2022 年下降 4 位。5 项三级指标中，维权援助中心及分支机构数量指标位居全省第 11 位，排名较 2022 年指标位次下降 4 位；维权援助中心举报投诉受理量指标位居全省第 1 位，排名较 2022 年指标位次上升 2 位。

2023 年，南通市知识产权环境指标指数为 0.712 7，位居全省第 3 位，较 2022 年指标位次上升 5 位。知识产权环境－管理、知识产权环境－服务和知识产权环境－人才 3 项二级指标分别位居全省第 2 位、第 7 位、第 6 位，排名较 2022 年指标位次分别上升 3 位、上升 3 位、上升 5 位。10 项三级指标中，知识产权战略推进计划项目数位居全省第 1 位，排名较 2022 年指标位次上升 3 位；知识产权贯标企业数量、专利申请代理率、商标申请代理率、知识产权副高级以上职称人数 4 项指标分别位居全省第 2 位、第 12 位、第 6 位、第 6 位，排名较 2022 年指标位次分别上升 3 位、上升 1 位、上升 3 位、上升6位；知识产权管理机构人员数、省级知识产权示范园区数、通过全国专利代理师资格考试人数3项指标较2022年位次有所下降（表5-6）。

表5-6 南通市知识产权实力分项指标指数

序号	指标	2023年		2022年	
		指数	排名	指数	排名
	知识产权实力指数	0.690 4	3	0.669 7	3
	知识产权创造	0.704 6	3	0.709 7	4
	数量	0.646 7	4	0.640 3	4
1	专利授权量	0.650 8	5	0.639 6	5
2	发明专利授权量	0.658 4	5	0.646 9	5
3	PCT国际专利申请量	0.603 6	5	0.604 7	6
4	商标注册量	0.679 2	5	0.695 0	5
5	地理标志商标数量	0.612 9	4	0.650 9	4
6	集成电路布图设计登记发证数量	0.683 5	4	0.629 0	4
	质量	0.624 7	6	0.653 4	5
7	发明专利授权量占比	0.622 9	6	0.672 9	4
8	发明专利授权率	0.523 7	13	0.552 1	10
9	高价值发明专利拥有量	0.658 6	4	0.659 9	6
10	专利获奖数量	0.662 5	5	0.672 1	4
	效率	0.760 5	3	0.757 3	4
11	每万人口发明专利拥有量	0.680 2	6	0.689 9	6
12	每百亿元GDP专利授权量	0.612 2	6	0.600 0	7
13	每十亿元GDP发明专利拥有量	0.638 8	4	0.634 8	4
14	每百亿元GDP高维持年限发明专利拥有量	0.882 0	3	0.871 6	3
15	万企有效注册商标企业数	1.000 0	1	1.000 0	1
16	每万户企业注册商标拥有量	0.664 4	5	0.647 3	4
	知识产权运用	0.639 0	5	0.671 5	4
	数量	0.615 2	6	0.631 2	6

续表

序号	指标	2023年		2022年	
		指数	排名	指数	排名
17	专利实施许可合同备案量	0.7277	4	0.5943	8
18	专利实施许可合同备案涉及专利量	0.4289	10	0.5070	9
19	知识产权质押项目数	0.6983	4	0.8212	3
20	知识产权技术合同成交数量	0.6189	4	0.6285	4
	效果	0.6787	4	0.7387	3
21	知识产权技术合同成交金额	0.6204	4	0.6194	5
22	专利质押融资金额	0.7015	4	0.8084	3
23	商标质押融资金额	0.6928	5	0.6635	4
	知识产权保护	0.6913	4	0.7039	3
	行政执法	0.7580	3	0.7474	3
24	专利侵权纠纷立案量	1.0000	1	1.0000	1
25	专利假冒案件立案量	0.6389	5	0.6093	5
26	"正版正货"承诺企业数量	0.6000	7	0.6000	7
	维权援助	0.5800	8	0.6314	4
27	维权援助中心及分支机构数量	0.3000	11	0.6000	7
28	维权援助中心举报投诉受理量	1.0000	1	0.6784	3
	知识产权环境	0.7127	3	0.5536	8
	管理	0.7925	2	0.6303	5
29	知识产权专项经费投入	0.7399	3	0.6921	3
30	知识产权管理机构人员数	0.4364	12	0.4364	11
31	省级知识产权示范园区数	0.6000	5	0.7000	4
32	知识产权贯标企业数量	0.8875	2	0.6477	5
33	知识产权战略推进计划项目数	1.0000	1	0.6709	4
	服务	0.6271	7	0.5830	10
34	专利申请代理率	0.5747	12	0.5177	13
35	商标申请代理率	0.6409	6	0.5941	9

续表

序号	指标	2023年		2022年	
		指数	排名	指数	排名
36	知识产权服务机构数量	0.635 5	6	0.635 5	6
	人才	0.600 0	6	0.306 2	11
37	通过全国专利代理师资格考试人数	0.600 0	7	0.612 3	6
38	知识产权副高级以上职称人数	0.600 0	6	—	—

七、连云港市知识产权实力分项指标分析

2023年连云港市知识产权实力指数为0.341 1，位居全省第12位，较2022年指标位次下降1位。如图5-7所示，连云港市知识产权创造、知识产权运用、知识产权保护和知识产权环境4项一级指标发展不均衡，知识产权创造指标指数高于其他3项指标指数。

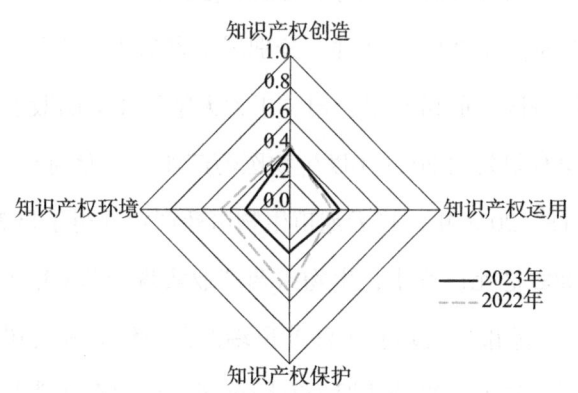

图5-7　2022—2023年连云港市知识产权实力一级指标指数

2023年，连云港市知识产权创造指标指数为0.401 7，位居全省第11位。知识产权创造-数量、知识产权创造-质量和知识产权创造-效率3项二级指标分别位居全省第12位、第9位、第11位，其中，知识产权创造-质量

指标排名较 2022 年指标位次下降 1 位。16 项三级指标中，发明专利授权量占比指标位居全省第 3 位，排名较 2022 年指标位次上升 2 位；地理标志商标数量、集成电路布图设计登记发证数量、专利获奖数量、每百亿元 GDP 高维持年限发明专利拥有量、万企有效注册商标企业数、每万户企业注册商标拥有量 6 项指标排名较 2022 年均有所下降。截至 2023 年年底，连云港市有效发明专利量 7 536 件，同比增长 29.60%。从技术领域小类来看，有效发明专利量前三位的技术领域分别是有机精细化学 1 237 件，化工 816 件，其他特殊机械 544 件，合计 2 597 件，占连云港市有效发明专利总量的 34.46%。从重点企业专利权人来看，有效发明专利量前三位的企业分别是江苏恒瑞医药股份有限公司 525 件、江苏康缘药业股份有限公司 423 件、正大天晴药业集团股份有限公司 353 件。

从先进制造业集群发明专利授权量来看，2023 年连云港市生物医药产业集群发明专利授权量 314 件，位居全省第 6 位；其中，化学药、中药领域发明专利授权量分别为 160 件、13 件，分别居全省第 3 位和第 7 位。从重点企业来看，江苏恒瑞医药股份有限公司、正大天晴药业集团股份有限公司、江苏豪森药业集团有限公司 2023 年度生物医药产业发明专利授权量分别为 122 件、48 件、24 件。2023 年，连云港市生物医药产业取得了显著的发展成果，医药产值突破 800 亿元；其中，生物医药产业实现产值 633.2 亿元，同比增长约 12.5%。连云港市成功培育了江苏恒瑞医药股份有限公司、江苏豪森药业集团有限公司、江苏康缘药业股份有限公司、正大天晴药业集团股份有限公司等一批行业龙头企业，形成了抗肿瘤、精神类、抗生素、心脑血管、糖尿病等众多明星产业板块。"中华药港"一期已投入使用，放大集聚效应，做强化学药、做优中成药、做精原料药、发展生物药。连云港市生物医药产业入选国家先进制造业集群，并在创新药项目投入上取得显著成效。

2023 年，连云港市知识产权运用指标指数为 0.329 3，位居全省第 12 位。知识产权运用 – 数量和知识产权运用 – 效果 2 项二级指标分别位居全省第 12 位、第 8 位，排名较 2022 年指标位次分别上升 1 位、下降 2 位。7 项三级指标中，专利实施许可合同备案量、专利实施许可合同备案涉及专利量、商标质押融资金额 3 项指标分别位居全省第 12 位、第 9 位、第 2 位，排名较 2022 年指标位次分别上升 1 位、上升 4 位、上升 1 位；知识产权质押项目数、专利质押融资金额 2 项指标分别位居全省第 13 位、第 10 位，排名较 2022 年指标位次分别下降 2 位、下降 3 位。

2023 年，连云港市知识产权保护指标指数为 0.273 0，位居全省第 11 位，较 2022 年指标位次下降 4 位。知识产权保护 – 行政执法和知识产权保护 – 维权援助 2 项二级指标均位居全省第 11 位，排名较 2022 年指标位次分别下降 4 位、下降 1 位。5 项三级指标中，专利侵权纠纷立案量、维权援助中心及分支机构数量 2 项指标分别位居全省第 11 位、第 6 位，排名较 2022 年指标位次分别上升 1 位、上升 6 位；"正版正货"承诺企业数量指标位居全省第 10 位，排名较 2022 年指标位次下降 2 位。

2023 年，连云港市知识产权环境指标指数为 0.300 0，位居全省第 13 位，较 2022 年指标位次下降 2 位。知识产权环境 – 管理、知识产权环境 – 服务和知识产权环境 – 人才 3 项二级指标指数分别位居全省第 13 位、第 3 位、第 12 位，排名较 2022 年指标位次分别下降 2 位、上升 4 位、下降 5 位。10 项三级指标中，知识产权专项经费投入、知识产权贯标企业数量、商标申请代理率 3 项指标分别位居全省第 9 位、第 12 位、第 4 位，排名较 2022 年指标位次分别上升 3 位、上升 1 位、上升 8 位；通过全国专利代理师资格考试人数指标排名较 2022 年指标位次下降 1 位；省级知识产权示范园区数、知识产权战略推进计划项目数、知识产权副高级以上职称人数 3 项指标指数为 0（表 5-7）。

表 5-7 连云港市知识产权实力分项指标指数

序号	指标	2023年 指数	2023年 排名	2022年 指数	2022年 排名
	知识产权实力指数	0.3411	12	0.4256	11
	知识产权创造	0.4017	11	0.4271	11
	数量	0.2735	12	0.3411	12
1	专利授权量	0.2040	13	0.2020	13
2	发明专利授权量	0.2835	11	0.2064	11
3	PCT 国际专利申请量	0.4183	8	0.4972	8
4	商标注册量	0.3888	12	0.3882	12
5	地理标志商标数量	0.3789	13	0.4333	12
6	集成电路布图设计登记发证数量	0.0545	10	0.4800	8
	质量	0.5072	9	0.5227	8
7	发明专利授权量占比	0.7249	3	0.6224	5
8	发明专利授权率	0.6808	5	0.6336	5
9	高价值发明专利拥有量	0.2534	11	0.3747	11
10	专利获奖数量	0.1500	10	0.3750	8
	效率	0.3872	11	0.4052	11
11	每万人口发明专利拥有量	0.2724	11	0.2678	11
12	每百亿元 GDP 专利授权量	0.3208	13	0.3669	13
13	每十亿元 GDP 发明专利拥有量	0.2995	11	0.2892	11
14	每百亿元 GDP 高维持年限发明专利拥有量	0.4390	9	0.4617	8
15	万企有效注册商标企业数	0.5742	8	0.6090	6
16	每万户企业注册商标拥有量	0.5402	9	0.6051	6
	知识产权运用	0.3293	12	0.2844	12
	数量	0.2580	12	0.1435	13
17	专利实施许可合同备案量	0.0789	12	0.0453	13
18	专利实施许可合同备案涉及专利量	0.4419	9	0.0157	13
19	知识产权质押项目数	0.2154	13	0.4040	11

续表

序号	指标	2023年		2022年	
		指数	排名	指数	排名
20	知识产权技术合同成交数量	0.302 4	12	0.147 4	12
	效果	0.448 1	8	0.519 2	6
21	知识产权技术合同成交金额	0.281 3	10	0.238 7	10
22	专利质押融资金额	0.423 4	10	0.600 0	7
23	商标质押融资金额	0.892 6	2	0.716 8	3
	知识产权保护	0.273 0	11	0.530 9	7
	行政执法	0.220 7	11	0.545 6	7
24	专利侵权纠纷立案量	0.286 5	11	0.322 6	12
25	专利假冒案件立案量	—	—	0.764 2	3
26	"正版正货"承诺企业数量	0.420 0	10	0.551 4	8
	维权援助	0.360 0	11	0.506 5	10
27	维权援助中心及分支机构数量	0.600 0	6	0.436 4	12
28	维权援助中心举报投诉受理量	—	—	0.611 6	6
	知识产权环境	0.300 0	13	0.458 5	11
	管理	0.189 8	13	0.368 1	11
29	知识产权专项经费投入	0.514 5	9	0.146 7	12
30	知识产权管理机构人员数	0.600 0	6	0.600 0	6
31	省级知识产权示范园区数	—	—	0.600 0	7
32	知识产权贯标企业数量	0.315 5	12	0.234 3	13
33	知识产权战略推进计划项目数	—	—	0.246 2	12
	服务	0.719 6	3	0.652 2	7
34	专利申请代理率	1.000 0	1	1.000 0	1
35	商标申请代理率	0.682 7	4	0.586 4	12
36	知识产权服务机构数量	0.417 1	11	0.417 1	11
	人才	0.078 3	12	0.465 0	7
37	通过全国专利代理师资格考试人数	0.156 5	11	0.330 0	10

续表

序号	指标	2023 年		2022 年	
		指数	排名	指数	排名
38	知识产权副高级以上职称人数	—	—	0.600 0	4

八、淮安市知识产权实力分项指标分析

2023 年淮安市知识产权实力指数为 0.349 4，位居全省第 11 位，较 2022 年指标位次上升 1 位。如图 5-8 所示，淮安市知识产权创造、知识产权运用、知识产权保护和知识产权环境 4 项一级指标发展不均衡，知识产权创造、知识产权运用、知识产权环境 3 项指标指数要高于知识产权保护指标指数。

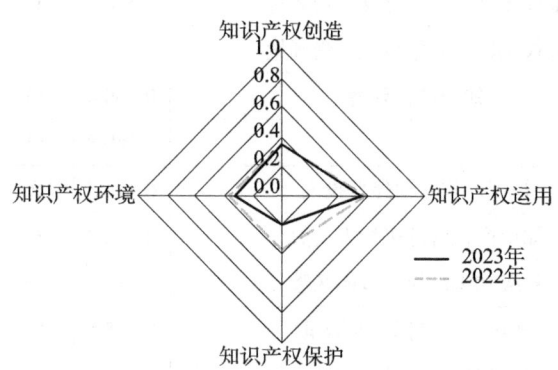

图 5-8　2022—2023 年淮安市知识产权实力一级指标指数

2023 年，淮安市知识产权创造指标指数为 0.333 0，位居全省第 12 位。知识产权创造 - 数量、知识产权创造 - 质量和知识产权创造 - 效率 3 项二级指标分别位居全省第 11 位、第 12 位、第 12 位。16 项三级指标中，PCT 国际专利申请量、商标注册量、专利获奖数量、万企有效注册商标企业数 4 项

指标分别位居全省第 11 位、第 10 位、第 10 位、第 10 位，排名较 2022 年指标位次均分别上升 1 位、上升 1 位、上升 1 位、上升 2 位；发明专利授权率指标位居全省第 12 位，排名较 2022 年指标位次下降 3 位。截至 2023 年年底，淮安市有效发明专利量 6 907 件，同比增长 27.27%。从技术领域小类来看，有效发明专利量前三位的技术领域分别是机器工具 437 件、电机、电气装置、电能 431 件、化学工程 398 件，合计 12 66 件，占淮安市有效发明专利总量的 18.33%。从重点企业专利权人来看，有效发明专利量前三位的企业分别是淮安西德工业设计有限公司 155 件、庆鼎精密电子（淮安）有限公司 64 件、江苏天士力帝益药业有限公司 53 件。

从先进制造业集群发明专利授权量来看，2023 年淮安市新型食品产业集群发明专利授权量 10 件，居全省第 12 位；其中，酿造和功能性食品领域发明专利授权量分别达到 3 件、5 件，分别居全省第 6 位和第 12 位。从重点企业来看，江苏百斯特鲜食有限公司 2023 年度新型食品产业发明专利授权量为 3 件。食品产业已成为淮安市重点打造的千亿级产业集群之一，产业规模位居全省前列。淮安市通过举办国际食品博览会等活动，进一步提升了食品产业的影响力。2023 年，淮安市规模以上食品工业企业共有 232 家，实现应税开票销售额 587.50 亿元，同比增长 7.43%，占全市工业应税开票总额的 18.10%，高于全市工业产业平均增速 2.25 个百分点。在全市工业营业收入仅占全省 2.00% 的情况下，食品产业约占全省食品产业比重的 10.00%。

2023 年，淮安市知识产权运用指标指数为 0.566 2，位居全省第 7 位。知识产权运用－数量和知识产权运用－效果 2 项二级指标分别位居全省第 4 位、第 10 位，排名较 2022 年指标位次分别上升 1 位、下降 1 位。7 项三级指标中，知识产权技术合同成交数量指标位居全省第 8 位，排名较 2022 年指标位次上升 1 位；专利实施许可合同备案涉及专利量、知识产权技术合成交金额、专利质押融资金额 3 项指标位分别位居全省第 4 位、第 9 位、第 12 位，排名较 2022 年指标位次分别下降 2 位、下降 1 位、下降 2 位。

2023 年，淮安市知识产权保护指标为 0.184 5，位居全省第 13 位。知识产权保护 – 行政执法和知识产权保护 – 维权援助 2 项二级指标分别位居全省第 12 位、第 13 位，排名较 2022 年指标位次分别下降 2 位、下降 1 位。5 项三级指标中，"正版正货"承诺企业数量、维权援助中心举报投诉受理量 2 项指标分别位居全省第 12 位、第 11 位，排名较 2022 年指标位次分别下降下降 1 位、下降 2 位；专利假冒案件立案量指标指数为 0。

2023 年，淮安市知识产权环境指标指数为 0.330 6，位居全省第 12 位，较 2022 年指标位次上升 1 位。知识产权环境 – 管理、知识产权环境 – 服务和知识产权环境 – 人才 3 项二级指标分别位居全省第 12 位、第 2 位、第 13 位，其中，知识产权环境 – 管理和知识产权环境 – 服务指标排名较 2022 年分别上升 1 位、上升 2 位。10 项三级指标中，知识产权专项经费投入、专利申请代理率、商标申请代理率、通过全国专利代理师资格考试人数 4 项指标分别位居全省第 10 位、第 8 位、第 1 位、第 12 位，排名较 2022 年指标位次分别上升 3 位、上升 2 位、上升 3 位、上升 1 位；知识产权管理机构人员数、省级知识产权示范园区数、知识产权贯标企业数量 3 项指标排名较 2022 年指标位次均下降 1 位；知识产权战略推进计划项目数、知识产权副高级以上职称人数 2 项指标指数均为 0（表 5–8）。

表 5–8　淮安市知识产权实力分项指标指数

序号	指标	2023 年		2022 年	
		指数	排名	指数	排名
	知识产权实力指数	0.349 4	11	0.401 7	12
	知识产权创造	0.333 0	12	0.334 5	12

续表

序号	指标	2023年 指数	2023年 排名	2022年 指数	2022年 排名
	数量	0.2897	11	0.3427	11
1	专利授权量	0.2631	12	0.2834	12
2	发明专利授权量	0.2296	12	0.2007	12
3	PCT国际专利申请量	0.1474	11	0.1525	12
4	商标注册量	0.4623	10	0.4580	11
5	地理标志商标数量	0.7112	1	1.0000	1
6	集成电路布图设计登记发证数量	0.0545	10	0.1200	10
	质量	0.3646	12	0.3517	12
7	发明专利授权量占比	0.4917	12	0.4536	12
8	发明专利授权率	0.5448	12	0.5671	9
9	高价值发明专利拥有量	0.1742	12	0.2399	12
10	专利获奖数量	0.1500	10	0.0750	11
	效率	0.3300	12	0.3237	12
11	每万人口发明专利拥有量	0.2523	12	0.2521	12
12	每百亿元GDP专利授权量	0.3642	12	0.4346	12
13	每十亿元GDP发明专利拥有量	0.2417	12	0.2279	12
14	每百亿元GDP高维持年限发明专利拥有量	0.2331	12	0.2082	12
15	万企有效注册商标企业数	0.5237	10	0.4663	12
16	每万户企业注册商标拥有量	0.5124	11	0.5441	9
	知识产权运用	0.5662	7	0.5908	7
	数量	0.6543	4	0.6651	5
17	专利实施许可合同备案量	0.8606	2	0.8123	2
18	专利实施许可合同备案涉及专利量	0.7316	4	0.7740	2
19	知识产权质押项目数	0.4744	8	0.5614	8
20	知识产权技术合同成交数量	0.4729	8	0.4312	9
	效果	0.4195	10	0.4668	9

续表

序号	指标	2023年 指数	2023年 排名	2022年 指数	2022年 排名
21	知识产权技术合同成交金额	0.477 0	9	0.456 9	8
22	专利质押融资金额	0.355 8	12	0.488 6	10
23	商标质押融资金额	0.591 4	8	0.388 7	8
	知识产权保护	0.184 5	13	0.374 4	13
	行政执法	0.143 7	12	0.394 2	10
24	专利侵权纠纷立案量	0.243 5	13	0.297 9	13
25	专利假冒案件立案量	—	—	0.607 8	6
26	"正版正货"承诺企业数量	0.200 0	12	0.243 2	11
	维权援助	0.252 5	13	0.341 4	12
27	维权援助中心及分支机构数量	0.300 0	11	0.436 4	12
28	维权援助中心举报投诉受理量	0.181 1	11	0.198 9	9
	知识产权环境	0.330 6	12	0.374 4	13
	管理	0.200 7	12	0.359 1	13
29	知识产权专项经费投入	0.481 2	10	0.133 0	13
30	知识产权管理机构人员数	0.436 4	12	0.436 4	11
31	省级知识产权示范园区数	0.300 0	8	0.600 0	7
32	知识产权贯标企业数量	0.247 4	13	0.282 5	12
33	知识产权战略推进计划项目数	—	—	0.276 9	11
	服务	0.849 5	2	0.683 4	4
34	专利申请代理率	0.598 7	8	0.570 1	10
35	商标申请代理率	1.000 0	1	0.770 9	4
36	知识产权服务机构数量	0.297 1	13	0.297 1	13
	人才	0.039 1	13	0.030 0	13
37	通过全国专利代理师资格考试人数	0.078 3	12	0.060 0	13
38	知识产权副高级以上职称人数	—	—	—	—

九、盐城市知识产权实力分项指标分析

2023年盐城市知识产权实力指数为0.536 6，位居全省第8位，较2022年指标位次上升1位。如图5-9所示，盐城市知识产权创造、知识产权运用、知识产权保护和知识产权环境4项一级指标发展不均衡，知识产权运用、知识产权保护指标指数高于知识产权创造、知识产权环境指标指数。

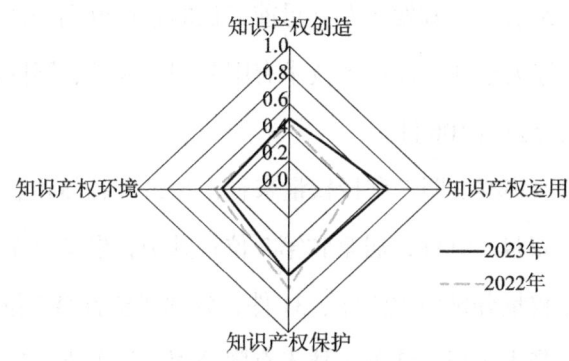

图5-9　2022—2023年盐城市知识产权实力一级指标指数

2023年，盐城市知识产权创造指标指数为0.464 7，位居全省第10位。知识产权创造-数量、知识产权创造-质量和知识产权创造-效率3项二级指标分别位居全省第8位、第10位、第10位，其中知识产权创造-数量和知识产权创造-质量排名较2022年指标位次均上升1位。16项三级指标中，专利授权量、发明专利授权量、商标注册量、发明专利授权率、高价值发明专利拥有量、专利获奖数量6项指标分别位居全省第6位、第7位、第7位、第7位、第8位、第8位，排名较2022年指标位次分别上升1位、上升1位、上升1位、上升5位、上升2位、上升1位；PCT国际专利申请量、发明专利授权量占比、每百亿元GDP专利授权量、每十亿元GDP发明专利拥有量、每百亿元GDP高维持年限发明专利拥有量、每万户企业注册商标拥

有量 6 项指标分别位居全省第 12 位、第 11 位、第 7 位、第 9 位、第 10 位、第 13 位，排名较 2022 年指标位次分别下降 1 位、下降 1 位、下降 1 位、下降 1 位、下降 1 位、下降 2 位。截至 2023 年年底，盐城市有效发明专利量 17 759 件，同比增长 24.87%。从技术领域小类来看，有效发明专利量前三位的技术领域分别是机器工具 1 853 件，化学工程 1 229 件，电机、电气装置、电能 1 123 件，合计 4 205 件，占盐城市有效发明专利总量的 23.68%。从重点企业专利权人来看，有效发明专利量前三位的企业分别是江苏金风科技有限公司 212 件、华人运通（江苏）技术有限公司 148 件、国网江苏省电力有限公司盐城供电分公司 106 件。

从先进制造业集群发明专利授权量来看，2023 年盐城市新能源汽车产业集群发明专利授权量 130 件，居全省第 7 位；其中，电动汽车、汽车零部件领域发明专利授权量分别为 122 件、31 件，分别居全省第 7 位、第 6 位。从重点企业来看，华人运通（江苏）技术有限公司、江苏天一航空工业股份有限公司、盐城市华悦汽车部件有限公司 2023 年度新能源汽车产业发明专利授权量分别为 40 件、17 件、10 件。2023 年，盐城市四大主导产业实现规模以上工业产值 4 227.47 亿元，同比增长 12.7%；其中，汽车产业产值达到近千亿元，同比增长约 10%。在汽车产业中，盐城市共有汽车及零部件企业 326 家，其中包括江苏悦达起亚汽车有限公司、华人运通（江苏）技术有限公司等整车生产企业 7 家。这些企业的产品类别涵盖了乘用车、商用车和专用车等全系列产品。盐城市拥有江苏摩比斯汽车零部件有限公司、江苏瑞延理化汽车饰件有限公司、江苏理研科技股份有限公司、江苏森威集团飞达股份有限公司、凌云新能源科技有限公司等一批新能源汽车核心零部件骨干企业。这些企业不仅满足了本地整车企业的配套需求，还逐步拓展到其他地区的整车配套市场。

2023 年，盐城市知识产权运用指标指数为 0.656 5，位居全省第 4 位，较 2022 年指标位次上升 6 位。知识产权运用－数量和知识产权运用－效果 2 项二级指标分别位居全省第 3 位、第 7 位，排名较 2022 年指标位次分别上升 8 位、上升 1 位。7 项三级指标中，专利实施许可合同备案量、专利实施许可合同备案涉及专利量、知识产权质押项目数、知识产权技术合同成交金额、专利质押融资金额 5 项指标分别位居全省第 5 位、第 1 位、第 3 位、第 8 位、第 6 位，排名较 2022 年指标位次分别上升 5 位、上升 11 位、上升 3 位、上升 1 位、上升 2 位；知识产权技术合同成交数量、商标质押融资金额 2 项指标分别位居全省第 10 位、第 11 位，排名较 2022 年指标位次分别下降 2 位、下降 1 位。

2023 年，盐城市知识产权保护指标指数为 0.615 9，位居全省第 6 位，较 2022 年指标位次下降 2 位。知识产权保护－行政执法和知识产权保护－维权援助 2 项二级指标分别位居全省第 5 位、第 9 位，排名较 2022 年指标位次分别下降 1 位、下降 7 位。5 项三级指标中，专利假冒案件立案量、"正版正货"承诺企业数量、维权援助中心及分支机构数量 3 项指标均居全省第 2 位，排名较 2022 年指标位次分别上升 2 位、上升 3 位、上升 3 位；专利侵权纠纷立案量、维权援助中心举报投诉受理量 2 项指标均居全省第 10 位，排名较 2022 年指标位次分别下降 1 位、下降 8 位。

2023 年，盐城市知识产权环境指标指数为 0.481 3，位居全省第 9 位。知识产权环境－管理、知识产权环境－服务和知识产权环境－人才 3 项二级指标分别位居全省第 9 位、第 13 位、第 9 位，排名较 2022 年指标位次分别上升 1 位、下降 11 位、上升 3 位。10 项三级指标中，省级知识产权示范园区数、知识产权贯标企业数量、专利申请代理率、知识产权副高级以上职称人数 4 项指标分别位居全省第 1 位、第 4 位、第 7 位、第 6 位，排名较 2022 年指标位次分别上升 12 位、上升 3 位、上升 1 位、上升 6 位；商标申请代理率指标位居全省第 12 位，排名较 2022 年指标位次下降 11 位；知识产权战略推进计划项目数指标指数为 0（表 5-9）。

表 5-9　盐城市知识产权实力分项指标指数

序号	指标	2023 年		2022 年	
		指数	排名	指数	排名
	知识产权实力指数	0.536 6	8	0.495 9	9
	知识产权创造	0.464 7	10	0.445 7	10
	数量	0.450 8	8	0.472 2	9
1	专利授权量	0.604 1	6	0.600 0	7
2	发明专利授权量	0.600 0	7	0.479 2	8
3	PCT 国际专利申请量	0.126 9	12	0.275 1	11
4	商标注册量	0.600 0	7	0.590 2	8
5	地理标志商标数量	0.642 7	2	0.760 0	2
6	集成电路布图设计登记发证数量	0.054 5	10	0.120 0	10
	质量	0.473 7	10	0.431 1	11
7	发明专利授权量占比	0.532 0	11	0.511 5	10
8	发明专利授权率	0.600 0	7	0.502 7	12
9	高价值发明专利拥有量	0.420 5	8	0.392 3	10
10	专利获奖数量	0.300 0	8	0.225 0	9
	效率	0.464 3	10	0.445 3	10
11	每万人口发明专利拥有量	0.441 5	10	0.449 0	10
12	每百亿元 GDP 专利授权量	0.600 0	7	0.610 5	6
13	每十亿元 GDP 发明专利拥有量	0.423 7	9	0.400 1	8
14	每百亿元 GDP 高维持年限发明专利拥有量	0.413 0	10	0.381 4	9
15	万企有效注册商标企业数	0.466 8	13	0.403 7	13
16	每万户企业注册商标拥有量	0.480 3	13	0.494 0	11
	知识产权运用	0.656 5	4	0.396 3	10

续表

序号	指标	2023年		2022年	
		指数	排名	指数	排名
	数量	0.7355	3	0.3489	11
17	专利实施许可合同备案量	0.6665	5	0.2547	10
18	专利实施许可合同备案涉及专利量	1.0000	1	0.0865	12
19	知识产权质押项目数	0.7463	3	0.6818	6
20	知识产权技术合同成交数量	0.4488	10	0.4488	8
	效果	0.5250	7	0.4753	8
21	知识产权技术合同成交金额	0.5900	8	0.3671	9
22	专利质押融资金额	0.6101	6	0.5827	8
23	商标质押融资金额	0.0120	11	0.2087	10
	知识产权保护	0.6159	6	0.6884	4
	行政执法	0.6883	5	0.6668	4
24	专利侵权纠纷立案量	0.3549	10	0.4541	9
25	专利假冒案件立案量	0.7977	2	0.7447	4
26	"正版正货"承诺企业数量	0.9765	2	0.8400	5
	维权援助	0.4952	9	0.7244	2
27	维权援助中心及分支机构数量	0.6857	2	0.6444	5
28	维权援助中心举报投诉受理量	0.2094	10	0.8444	2
	知识产权环境	0.4813	9	0.5032	9
	管理	0.4550	9	0.4617	10
29	知识产权专项经费投入	0.6211	6	0.6264	6
30	知识产权管理机构人员数	0.6000	6	0.6000	6
31	省级知识产权示范园区数	1.0000	1	0.3000	13
32	知识产权贯标企业数量	0.7470	4	0.6000	7
33	知识产权战略推进计划项目数	—	—	0.3923	9
	服务	0.5694	13	0.8649	2
34	专利申请代理率	0.6000	7	0.5932	8

续表

序号	指标	2023年		2022年	
		指数	排名	指数	排名
35	商标申请代理率	0.5758	12	1.0000	1
36	知识产权服务机构数量	0.4629	9	0.4629	9
	人才	0.4435	9	0.1650	12
37	通过全国专利代理师资格考试人数	0.2870	10	0.3300	10
38	知识产权副高级以上职称人数	0.6000	6	—	—

十、扬州市知识产权实力分项指标分析

2023年扬州市知识产权实力指数为0.4880，位居全省第10位，较2022年指标位次下降2位。如图5-10所示，扬州市知识产权创造、知识产权运用、知识产权保护和知识产权环境4项一级指标发展较为不均衡。知识产权创造、知识产权运用、知识产权环境指标指数高于知识产权保护指标指数。

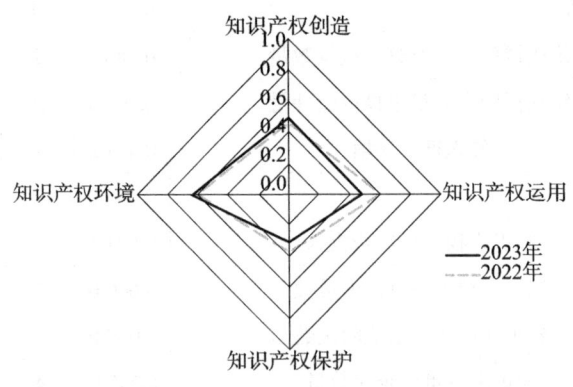

图5-10　2022—2023年扬州市知识产权实力一级指标指数

2023年，扬州市知识产权创造指标指数为0.5107，位居全省第9位。知识产权创造-数量、知识产权创造-质量和知识产权创造-效率3项二级指

标分别位居全省第 7 位、第 11 位、第 9 位，3 项指标中，知识产权创造 – 数量和知识产权创造 – 质量，排名较 2022 年指标位次分别上升 1 位、下降 1 位。16 项三级指标中，专利授权量、集成电路布图设计登记发证数量、发明专利授权率、每万人口发明专利拥有量、万企有效注册商标企业数、每万户企业注册商标拥有量 6 项指标分别位居全省第 7 位、第 5、第 2、第 8 位、第 4 位、第 7 位，排名较 2022 年指标位次分别上升 1 位、上升 4 位、上升 9 位、上升 1 位、上升 5 位、上升 3 位；发明专利授权量、商标注册量、高价值发明专利拥有量 3 项指标分别位居全省第 10 位、第 9 位、第 9 位，排名较 2022 年指标位次分别下降 1 位、下降 2 位、下降 1 位；专利获奖数量指标指数为 0。截至 2023 年年底，扬州市有效发明专利量 15 874 件，同比增长 29.37%。从技术领域小类来看，有效发明专利量前三位的技术领域分别是电机、电气装置、电能 1 839 件、机器工具 1 403 件、土木工程 990 件，合计 4 232 件，占扬州市有效发明专利总量的 26.66%。从重点企业专利权人来看，有效发明专利量前三位的企业分别是江苏扬农化工集团有限公司 212 件、中国核工业华兴建设有限公司 128 件、扬州乾照光电有限公司 115 件。

从先进制造业集群发明专利授权量来看，2023 年扬州市新型电力装备产业集群发明专利授权量 162 件，居全省第 6 位；其中，智能电网领域发明专利授权量达到 162 件，居全省第 6 位。从重点企业来看，国网江苏省电力有限公司扬州供电分公司、国网江苏省电力有限公司高邮市供电分公司、江苏双汇电力发展股份有限公司 2023 年度新型电力装备产业发明专利授权量分别为 10 件、4 件、4 件。新型电力装备产业是扬州市的主导产业和传统的优势产业，涵盖电线电缆、智能变配电、高电压实验装备等领域，重点发展特高压、超高压电线电缆，以及智能电网相关设备。2023 年实现产值 209 亿元，对全部规模以上工业总产值的贡献率约为 30.2%。

2023 年，扬州市知识产权运用指标指数为 0.479 4，位居全省第 9 位，较 2022 年指标位次下降 4 位。知识产权运用－数量和知识产权运用－效果 2 项二级指标分别位居全省第 10 位、第 6 位，排名较 2022 年指标位次分别下降 3 位、下降 1 位。7 项三级指标中，专利实施许可合同备案量、专利实施许可合同备案涉及专利量、知识产权技术合同成交数量、专利质押融资金额、商标质押融资金额 5 项指标分别位居全省第 10 位、第 11 位、第 7 位、第 8 位、第 7 位，排名较 2022 年指标位次分别下降 6 位、下降 4 位、下降 1 位、下降 2 位、下降 1 位。

2023 年，扬州市知识产权保护指标为 0.395 4，位居全省第 10 位，知识产权保护－行政执法和知识产权保护－维权援助 2 项二级指标分别位居全省第 10 位、第 12 位，排名较 2022 年指标位次分别下降 1 位、上升 1 位。5 项三级指标中，专利侵权纠纷立案量、"正版正货"承诺企业数量、维权援助中心及分支机构数量、维权援助中心举报投诉受理量 4 项指标分别位居全省第 8 位、第 8 位、第 11 位、第 9 位，排名较 2022 年指标位次分别下降 1 位、下降 2 位、下降 2 位、上升 9 位。

2023 年，扬州市知识产权环境指标指数为 0.619 7，位居全省第 6 位，较 2022 年指标位次下降 1 位。知识产权环境－管理、知识产权环境－服务和知识产权环境－人才 3 项二级指标分别位居全省第 8 位、第 1 位、第 5 位，其中知识产权环境－人才指标排名较 2022 年指标位次上升 1 位。10 项三级指标中，知识产权战略推进计划项目数、专利申请代理率、通过全国专利代理师资格考试人数 3 项指标分别位居全省第 3 位、第 2 位、第 6 位，排名较 2022 年指标位次分别上升 5 位、上升 4 位、上升 3 位；知识产权专项经费投入、省级知识产权示范园区数、知识产权贯标企业数量、知识产权副高级以上职称人数 4 项指标分别位居全省第 13 位、第 8 位、第 11 位、第 6 位，排名较 2022 年指标位次分别下降 3 位、下降 1 位、下降 5 位、下降 2 位（表 5-10）。

表 5-10 扬州市知识产权实力分项指标指数

序号	指标	2023 年 指数	2023 年 排名	2022 年 指数	2022 年 排名
	知识产权实力指数	0.488 0	10	0.508 6	8
	知识产权创造	0.510 7	9	0.469 7	9
	数量	0.555 9	7	0.477 4	8
1	专利授权量	0.600 0	7	0.566 2	8
2	发明专利授权量	0.584 5	10	0.466 2	9
3	PCT 国际专利申请量	0.329 1	10	0.334 8	10
4	商标注册量	0.540 5	9	0.600 0	7
5	地理标志商标数量	0.622 8	3	0.680 0	3
6	集成电路布图设计登记发证数量	0.614 6	5	0.240 0	9
	质量	0.445 0	11	0.453 7	10
7	发明专利授权量占比	0.548 9	9	0.527 3	9
8	发明专利授权率	0.756 7	2	0.527 9	11
9	高价值发明专利拥有量	0.405 9	9	0.564 8	8
10	专利获奖数量	—	—	0.075 0	11
	效率	0.529 8	9	0.475 4	9
11	每万人口发明专利拥有量	0.576 1	8	0.568 1	9
12	每百亿元 GDP 专利授权量	0.565 7	8	0.579 5	8
13	每十亿元 GDP 发明专利拥有量	0.378 3	10	0.344 0	10
14	每百亿元 GDP 高维持年限发明专利拥有量	0.364 8	11	0.347 5	11
15	万企有效注册商标企业数	0.733 0	4	0.529 9	9
16	每万户企业注册商标拥有量	0.600 0	7	0.505 2	10
	知识产权运用	0.479 4	9	0.606 0	5
	数量	0.409 1	10	0.602 6	7
17	专利实施许可合同备案量	0.272 4	10	0.680 0	4

续表

序号	指标	2023年		2022年	
		指数	排名	指数	排名
18	专利实施许可合同备案涉及专利量	0.4051	11	0.6000	7
19	知识产权质押项目数	0.4141	10	0.5139	10
20	知识产权技术合同成交数量	0.6000	7	0.6046	6
	效果	0.5967	6	0.6115	5
21	知识产权技术合同成交金额	0.6000	7	0.6000	7
22	专利质押融资金额	0.5945	8	0.6139	6
23	商标质押融资金额	0.6000	7	0.6237	6
	知识产权保护	0.3196	10	0.3954	10
	行政执法	0.3245	10	0.4363	9
24	专利侵权纠纷立案量	0.4504	8	0.6000	7
25	专利假冒案件立案量	—	—	—	—
26	"正版正货"承诺企业数量	0.5800	8	0.7867	6
	维权援助	0.3113	12	0.3273	13
27	维权援助中心及分支机构数量	0.3000	11	0.5455	9
28	维权援助中心举报投诉受理量	0.3283	9	—	—
	知识产权环境	0.6197	6	0.6023	5
	管理	0.4991	8	0.5215	8
29	知识产权专项经费投入	0.2740	13	0.3231	10
30	知识产权管理机构人员数	0.6000	6	0.6000	6
31	省级知识产权示范园区数	0.3000	8	0.6000	7
32	知识产权贯标企业数量	0.4268	11	0.6181	6
33	知识产权战略推进计划项目数	0.6000	3	0.4308	8
	服务	0.8996	1	0.8659	1
34	专利申请代理率	0.9702	2	0.6321	6
35	商标申请代理率	0.9222	2	0.9707	2
36	知识产权服务机构数量	0.6000	7	0.6000	7

续表

序号	指标	2023年		2022年	
		指数	排名	指数	排名
	人才	0.601 3	5	0.495 0	6
37	通过全国专利代理师资格考试人数	0.602 6	6	0.390 0	9
38	知识产权副高级以上职称人数	0.600 0	6	0.600 0	4

十一、镇江市知识产权实力分项指标分析

2023年镇江市知识产权实力指数为0.561 6，位居全省第7位。如图5-11所示，镇江市知识产权创造、知识产权运用、知识产权保护和知识产权环境4项一级指标发展不均衡，知识产权创造、知识产权保护和知识产权环境指标指数高于知识产权运用指标指数。

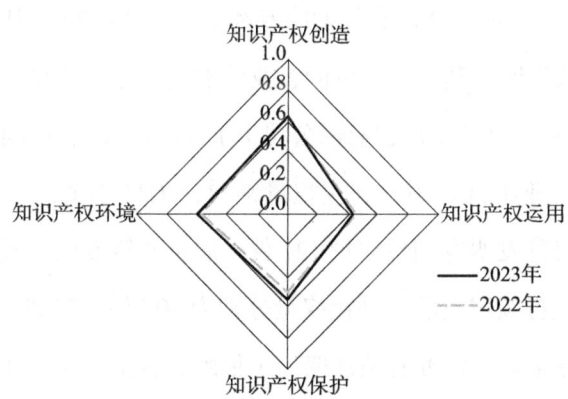

图5-11 2022—2023年镇江市知识产权实力一级指标指数

2023年，镇江市知识产权创造指标指数为0.616 7，位居全省第6位。知识产权创造－数量、知识产权创造－质量和知识产权创造－效率3项二级指标分别位居全省第9位、第5位、第6位，其中，知识产权创造－数量和知

识产权创造 – 质量指标排名较 2022 年指标位次分别下降 2 位、下降 1 位。16 项三级指标中，地理标志商标数量、专利获奖数量、每百亿元 GDP 高维持年限发明专利拥有量、每万户企业注册商标拥有量 4 项指标分别位居全省第 12 位、第 6 位、第 5 位、第 10 位，排名较 2022 年指标位次分别上升 1 位、上升 1 位、上升 1 位、上升 3 位；发明专利授权量、PCT 国际专利申请量、集成电路布图设计登记发证数量、发明专利授权量占比、发明专利授权率、高价值发明专利拥有量、万企有效注册商标企业数 7 项指标分别位居全省第 9 位、第 6 位、第 8 位、第 4 位、第 8 位、第 6 位、第 12 位，排名较 2022 年指标位次分别下降 2 位、下降 1 位、下降 2 位、下降 1 位、下降 5 位、下降 1 位、下降 1 位。截至 2023 年年底，镇江市有效发明专利量 22 477 件，同比增长 19.97%。从技术领域小类来看，有效发明专利量前三位的技术领域分别是电机、电气装置、电能 2 659 件，机器工具 1 706 件，其他特殊机械 1 589 件，合计 5 954 件，占镇江市有效发明专利总量的 26.49%。从重点企业专利权人来看，有效发明专利量前三位的企业分别是江苏和成显示科技有限公司 290 件、金东纸业（江苏）股份有限公司 191 件、恒宝股份有限公司 163 件。

从先进制造业集群发明专利授权量来看，2023 年镇江市高技术船舶与海工装备产业集群发明专利授权量 131 件，居全省第 6 位；其中，高技术船舶、海洋工程装备领域发明专利授权量分别为 107 件、72 件，均居全省第 6 位。从重点企业来看，江苏省镇江船厂（集团）有限公司、江苏省船舶设计研究所有限公司、江苏现代造船技术有限公司 2023 年度高技术船舶与海工装备产业发明专利授权量分别为 4 件、3 件、2 件。镇江在工程船舶领域具有显著优势，江苏省镇江船厂（集团）有限公司是国内多功能全回转工作船和海洋工程船的主要厂家，其产品国内市场占有率达 70%，建造总量位居中国第一、世界第二。镇江市形成了"221"产业布局，包括镇江高新区特种船舶与海工船舶配套设备产业园、扬中海洋工程装备与高技术船舶产业园两大核心产业园区。这些园区聚集了众多骨干企业和配套企业，推动了产业集群发展。

2023年，镇江市知识产权运用指标指数为0.4442，位居全省第10位，较2022年指标位次下降2位。知识产权运用－数量和知识产权运用－效果2项二级指标均位居全省第9位，排名较2022年指标位次分别下降1位、上升2位。7项三级指标中，专利质押融资金额、商标质押融资金额2项指标分别位列全省第7位、第10位，排名较2022年指标位次均上升2位；专利实施许可合同备案量、知识产权技术合同成交金额2项指标分别位居全省第8位、第11位，排名较2022年指标位次分下降1位、持平。

2023年，镇江市知识产权保护指标指数为0.5419，位居全省第9位，较2022年指标位次下降1位。知识产权保护－行政执法和知识产权保护－维权援助2项二级指标分别位居全省第9位、第2位，排名较2022年指标位次分别下降1位、上升5位。5项三级指标中，专利假冒案件立案量、维权援助中心及分支机构数量、维权援助中心举报投诉受理量3项指标分别位居全省第9位、第6位、第3位，排名较2022年指标位次分别上升1位、上升3位、上升1位；"正版正货"承诺企业数量指标位居全省第11位，排名较2022年指标位次下降1位。

2023年，镇江市知识产权环境指标指数为0.5885，位居全省第7位。知识产权环境－管理、知识产权环境－服务和知识产权环境－人才3项二级指标分别位居全省第6位、第6位、第7位，排名较2022年指标位次分别上升1位、上升5位、下降2位。10项三级指标中，省级知识产权示范园区数、知识产权贯标企业数量、知识产权战略推进计划项目数、专利申请代理率、商标申请代理率、知识产权副高级以上职称人数6项指标分别位居全省第5

位、第6位、第3位、第4位、第7位、第3位,排名较2022年指标位次分别上升2位、上升3位、上升2位、上升3位、上升1位、上升1位;知识产权管理机构人员数、通过全国专利代理师资格考试人数2项指标分别位居全省第10位、第9位,排名较2022年指标位次分别下降1位、下降2位。(表5-11)。

表5-11 镇江市知识产权实力分项指标指数

序号	指标	2023年		2022年	
		指数	排名	指数	排名
	知识产权实力指数	0.5616	7	0.5601	7
	知识产权创造	0.6167	6	0.6330	6
	数量	0.4424	9	0.5271	7
1	专利授权量	0.4804	10	0.4911	10
2	发明专利授权量	0.5889	9	0.6000	7
3	PCT国际专利申请量	0.6000	6	0.6156	5
4	商标注册量	0.3043	13	0.3342	13
5	地理标志商标数量	0.4105	12	0.4000	13
6	集成电路布图设计登记发证数量	0.1091	8	0.6065	6
	质量	0.6377	5	0.6710	4
7	发明专利授权量占比	0.6619	4	0.6755	3
8	发明专利授权率	0.5974	8	0.7088	3
9	高价值发明专利拥有量	0.6037	6	0.6960	5
10	专利获奖数量	0.6500	6	0.6000	7
	效率	0.6567	6	0.6450	6
11	每万人口发明专利拥有量	0.7217	4	0.7295	4
12	每百亿元GDP专利授权量	0.6290	5	0.6720	5
13	每十亿元GDP发明专利拥有量	0.6779	3	0.6777	3
14	每百亿元GDP高维持年限发明专利拥有量	0.7967	5	0.7021	6

续表

序号	指标	2023年 指数	2023年 排名	2022年 指数	2022年 排名
15	万企有效注册商标企业数	0.4921	12	0.4877	11
16	每万户企业注册商标拥有量	0.5153	10	0.4598	13
	知识产权运用	0.4442	10	0.4601	8
	数量	0.4569	9	0.5062	8
17	专利实施许可合同备案量	0.5645	8	0.6000	7
18	专利实施许可合同备案涉及专利量	0.6204	5	0.6567	5
19	知识产权质押项目数	0.2577	12	0.3386	12
20	知识产权技术合同成交数量	0.3165	11	0.3652	10
	效果	0.4229	9	0.3832	11
21	知识产权技术合同成交金额	0.2172	11	0.1982	11
22	专利质押融资金额	0.6000	7	0.5257	9
23	商标质押融资金额	0.0374	10	0.1115	12
	知识产权保护	0.5419	9	0.5020	8
	行政执法	0.4716	9	0.4534	8
24	专利侵权纠纷立案量	0.7493	2	0.7937	2
25	专利假冒案件立案量	0.3273	9	0.1000	10
26	"正版正货"承诺企业数量	0.3000	11	0.4703	10
	维权援助	0.6592	2	0.5831	7
27	维权援助中心及分支机构数量	0.6000	6	0.5455	9
28	维权援助中心举报投诉受理量	0.7480	3	0.6397	4
	知识产权环境	0.5885	7	0.5726	7
	管理	0.5810	6	0.5589	7
29	知识产权专项经费投入	0.4661	11	0.3202	11
30	知识产权管理机构人员数	0.4909	10	0.4909	9
31	省级知识产权示范园区数	0.6000	5	0.6000	7
32	知识产权贯标企业数量	0.6383	6	0.4620	9

续表

序号	指标	2023 年		2022 年	
		指数	排名	指数	排名
33	知识产权战略推进计划项目数	0.600 0	3	0.640 5	5
	服务	0.630 4	6	0.580 8	11
34	专利申请代理率	0.840 4	4	0.600 0	7
35	商标申请代理率	0.600 0	7	0.597 9	8
36	知识产权服务机构数量	0.422 9	10	0.422 9	10
	人才	0.556 5	7	0.600 0	5
37	通过全国专利代理师资格考试人数	0.313 0	9	0.600 0	7
38	知识产权副高级以上职称人数	0.800 0	3	0.600 0	4

十二、泰州市知识产权实力分项指标分析

2023 年泰州市知识产权实力指数为 0.512 9，位居全省第 9 位，较 2022 年指标位次上升 1 位。如图 5-12 所示，泰州市知识产权创造、知识产权运用、知识产权保护和知识产权环境 4 项一级指标发展不均衡，知识产权创造、知识产权保护、知识产权环境 3 项指标指数高于知识产权运用指标指数。

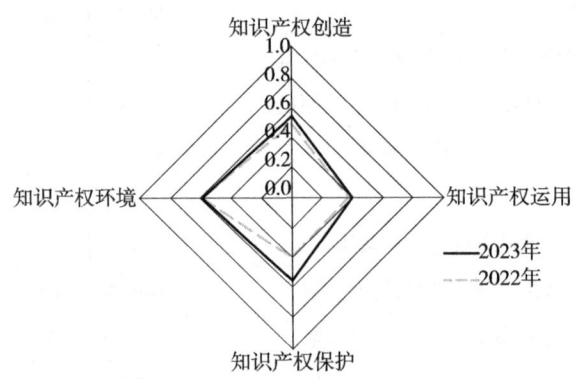

图 5-12　2022—2023 年泰州市知识产权实力一级指标指数

2023年，泰州市知识产权创造指标指数为0.5278，位居全省第8位。知识产权创造－数量、知识产权创造－质量和知识产权创造－效率3项二级指标分别位居全省第10位、第8位、第8位，其中，知识产权创造－质量指标排名较2022年指标位次上升1位。16项三级指标中，发明专利授权量、发明专利授权量占比、发明专利授权率、专利获奖数量、每万人口发明专利拥有量、每百亿元GDP专利授权量、每十亿元GDP发明专利拥有量7项指标分别位居全省第8位、第5位、第1位、第8位、第7位、第9位、第8位，排名较2022年指标位次分别上升2位、上升6位、上升5位、上升2位、上升1位、上升1位、上升1位；商标注册量、高价值发明专利拥有量、万企有效注册商标企业数3项指标分别位居全省第11位、第10位、第11位，排名较2022年指标位次分别下降1位、下降3位、下降1位。截至2023年年底，泰州市有效发明专利量16 254件，同比增长27.93%。从技术领域小类来看，有效发明专利量前三位的技术领域分别是机器工具2 186件、电机、电气装置、电能1 177件、化学工程991件，合计4 354件，占泰州市有效发明专利总量的26.79%。从重点企业专利权人来看，有效发明专利量前三位的企业分别是泰州市海通资产管理有限公司316件、扬子江药业集团有限公司120件、江苏兴达钢帘线股份有限公司111件。

从先进制造业集群发明专利授权量来看，2023年泰州市生物医药产业集群发明专利授权量223件，居全省第8位；其中，生物药、化学药发明专利授权量分别为72件、30件，分别居全省第10位、第8位。从重点企业来看，邦士医疗科技股份有限公司、江苏亨瑞生物医药科技有限公司、江苏荃信生物医药股份有限公司2023年度生物医药产业发明专利授权量分别为12件、7件、6件。泰州医药高新技术产业开发区（中国医药城）已成为全国重要的生物医药产业集聚区，形成了生物制品、化学药、中药、诊断试剂、特医配方食品等特色产业集群。拥有居全国制药企业之首的扬子江药业集团有限公司，与江苏江山制药有限公司、苏中药业集团股份有限公司、济川药业集团有限公司、江苏中丹制药有限公司等全国医药百强企业。2023年产业规模突破1 200亿元，连续两年跻身全国生物医药产业园区综合竞争力排名前十强。

2023年，泰州市知识产权运用指标指数为0.379 8，位居全省第11位。知识产权运用－数量和知识产权运用－效果2项二级指标均位居全省第11位，排名较2022年指标位次分别下降1位、上升1位。7项三级指标中，知识产权技术合同成交数量指标位居全省第6位，排名较2022年指标位次上升1位；专利实施许可合同备案涉及专利量指标位居全省第12位，排名较2022年指标位次下降2位。

2023年，泰州市知识产权保护指标指数为0.558 8，位居全省第8位，较2022年指标位次上升3位。知识产权保护－行政执法和知识产权保护－维权援助2项二级指标分别位居全省第8位、第6位，排名较2022年指标位次分别上升4位、上升3位。5项三级指标中，专利侵权纠纷立案量、专利假冒案件立案量、维权援助中心及分支机构数量、维权援助中心举报投诉受理量4项指标分别位居全省第9位、第4位、第6位、第5位，排名较2022年指标位次分别上升1位、上升4位、上升3位、上升3位。

2023年，泰州市知识产权环境指标指数为0.570 1，位居全省第8位，较2022年指标位次下降2位。知识产权环境－管理、知识产权环境－服务和知识产权环境－人才3项二级指标分别位居全省第7位、第5位、第8位，排名较2022年指标位次分别下降1位、上升7位、下降4位。10项三级指标中，知识产权战略推进计划项目数、专利申请代理率、商标申请代理率3项指标分别位列全省第3位、第10位、第3位，排名较2022年指标位次分别上升 4 位、上升 2 位、上升 4 位（表 5-12）。

表 5-12 泰州市知识产权实力分项指标指数

序号	指标	2023 年		2022 年	
		指数	排名	指数	排名
	知识产权实力指数	0.512 9	9	0.468 0	10
	知识产权创造	0.527 8	8	0.487 9	8
	数量	0.432 4	10	0.382 2	10
1	专利授权量	0.494 6	9	0.492 7	9
2	发明专利授权量	0.589 3	8	0.377 8	10
3	PCT 国际专利申请量	0.356 6	9	0.344 8	9
4	商标注册量	0.455 6	11	0.468 0	10
5	地理标志商标数量	0.600 0	7	0.600 0	7
6	集成电路布图设计登记发证数量	—	—	—	—
	质量	0.577 7	8	0.468 8	9
7	发明专利授权量占比	0.648 7	5	0.491 2	11
8	发明专利授权率	1.000 0	1	0.600 8	6
9	高价值发明专利拥有量	0.404 6	10	0.600 0	7
10	专利获奖数量	0.300 0	8	0.150 0	10
	效率	0.531 0	8	0.527 7	8
11	每万人口发明专利拥有量	0.600 0	7	0.595 4	8
12	每百亿元 GDP 专利授权量	0.513 8	9	0.559 6	10
13	每十亿元 GDP 发明专利拥有量	0.426 7	9	0.395 3	9
14	每百亿元 GDP 高维持年限发明专利拥有量	0.600 0	7	0.600 0	7
15	万企有效注册商标企业数	0.515 6	11	0.510 4	10
16	每万户企业注册商标拥有量	0.508 5	12	0.462 0	12
	知识产权运用	0.379 8	11	0.374 5	11
	数量	0.372 3	11	0.381 3	10
17	专利实施许可合同备案量	0.185 5	11	0.237 7	11

续表

序号	指标	2023年 指数	2023年 排名	2022年 指数	2022年 排名
18	专利实施许可合同备案涉及专利量	0.3162	12	0.2397	10
19	知识产权质押项目数	0.4641	9	0.5317	9
20	知识产权技术合同成交数量	0.6021	6	0.6000	7
	效果	0.3922	11	0.3633	12
21	知识产权技术合同成交金额	0.6037	6	0.6055	6
22	专利质押融资金额	0.3845	11	0.3253	11
23	商标质押融资金额	0.0039	13	0.0498	13
	知识产权保护	0.5588	8	0.3881	11
	行政执法	0.5274	8	0.3111	12
24	专利侵权纠纷立案量	0.4170	9	0.4479	10
25	专利假冒案件立案量	0.7058	4	—	—
26	"正版正货"承诺企业数量	0.4400	9	0.5351	9
	维权援助	0.6111	6	0.5165	9
27	维权援助中心及分支机构数量	0.6000	6	0.5455	9
28	维权援助中心举报投诉受理量	0.6277	5	0.4731	8
	知识产权环境	0.5701	8	0.6014	6
	管理	0.5480	7	0.6094	6
29	知识产权专项经费投入	0.5375	8	0.4721	8
30	知识产权管理机构人员数	0.6727	5	0.7846	3
31	省级知识产权示范园区数	0.3000	8	0.6000	7
32	知识产权贯标企业数量	0.5567	9	0.4993	8
33	知识产权战略推进计划项目数	0.6000	3	0.6000	7
	服务	0.6784	5	0.5770	12
34	专利申请代理率	0.5893	10	0.5451	12
35	商标申请代理率	0.7322	3	0.6000	7
36	知识产权服务机构数量	0.4800	8	0.4800	8

续表

序号	指标	2023年		2022年	
		指数	排名	指数	排名
	人才	0.495 7	8	0.610 0	4
37	通过全国专利代理师资格考试人数	0.391 3	8	0.570 0	8
38	知识产权副高级以上职称人数	0.600 0	6	0.650 0	3

十三、宿迁市知识产权实力分项指标分析

2023年宿迁市知识产权实力指数为0.264 6，位居全省第13位。如图5-13所示，宿迁市知识产权创造、知识产权运用、知识产权保护和知识产权环境4项一级指标发展不均衡，知识产权创造、知识产权保护、知识产权环境指标指数高于知识产权运用指标指数。

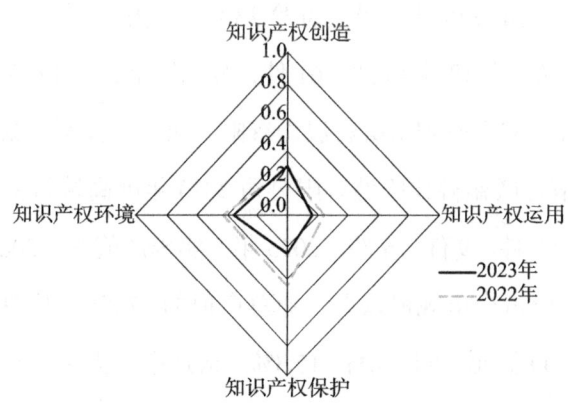

图5-13　2022—2023年宿迁市知识产权实力一级指标指数

2023年，宿迁市知识产权创造指标指数为0.288 8，位居全省第13位。知识产权创造-数量、知识产权创造-质量和知识产权创造-效率3项二

级指标均居全省第 13 位。16 项三级指标中，商标注册量、集成电路布图设计登记发证数量、发明专利授权率、每万户企业注册商标拥有量 4 项指标分别位居全省第 8 位、第 8 位、第 10 位、第 6 位，排名较 2022 年指标位次分别上升 1 位、上升 2 位、上升 3 位、上升 2 位；万企有效注册商标企业数指标位居全省第 9 位，排名较 2022 年指标位次下降 1 位；专利获奖数量指标指数为 0。截至 2023 年年底，宿迁市有效发明专利量 4 488 件，同比增长 34.57%。从技术领域小类来看，有效发明专利量前三位的技术领域分别是机器工具 438 件，电机、电气装置、电能 350 件，其他特殊机械 338 件，合计 1 126 件，占宿迁市有效发明专利总量的 25.09%。从重点企业专利权人来看，有效发明专利量前三位的企业分别是江苏斯迪克新材料科技股份有限公司 115 件、江苏阿尔法药业股份有限公司 87 件、浙江天能电池（江苏）有限公司 82 件。

从先进制造业集群发明专利授权量来看，2023 年宿迁市高端新材料产业集群发明专利授权量 225 件，居全省第 13 位；其中，化工新材料、先进金属材料领域发明专利授权量 43 件、61 件，分别居全省第 12 位、第 13 位。从重点企业来看，江苏双星彩塑新材料股份有限公司、江苏斯迪克新材料科技股份有限公司、宿迁联盛科技股份有限公司 2023 年度高端新材料产业发明专利授权量分别为 9 件、9 件、6 件。2023 年，实现产值约 4 806.6 亿元，同比增长 12.0%，产值占全市规模以上工业总产值的 87.8%。其中，高端新材料产业实现产值 200 亿元，同比增长 15.3%。宿迁市六大主导产业对全市工业经济的支撑作用显著，尤其是高端新材料产业的快速增长，为全市产业升级和经济发展提供了重要动力。

2023 年，宿迁市知识产权运用指标指数为 0.164 4，位居全省第 13 位。知识产权运用 - 数量和知识产权运用 - 效果 2 项二级指标均位居全省第 13

位，其中知识产权运用－数量指标排名较2022年指标位次下降1位。7项三级指标中，知识产权质押项目数、商标质押融资金额2项指标分别位居全省第11位、第9位，排名较2022年指标位次均上升2位；专利实施许可合同备案量、专利实施许可合同备案涉及专利量2项指标均位居全省第13位，排名较2022年指标位次分别下降1位、下降5位。

2023年，宿迁市知识产权保护指标指数为0.227 7，位居全省第12位，较2022年指标位次下降3位。知识产权保护－行政执法和知识产权保护－维权援助2项二级指标分别位居全省第13位、第10位，排名较2022年指标位次分别下降2位、下降5位。5项三级指标中，维权援助中心及分支机构数量指标位居全省第5位，排名较2022年指标位次上升2位；专利侵权纠纷立案量、维权援助中心举报投诉受理量2项指标均位居全省第12位，排名较2022年指标位次分别下降1位、下降5位。

2023年，宿迁市知识产权环境指标指数为0.353 0，位居全省第11位，较2022年指标位次上升1位。知识产权环境－管理、知识产权环境－服务和知识产权环境－人才3项二级指标分别位居全省第11位、第8位、第11位，排名较2022年指标位次分别上升1位、上升5位、下降3位。10项三级指标中，知识产权管理机构人员数、知识产权贯标企业数量、专利申请代理率3项指标分别位居全省第6位、第8位、第3位，排名较2022年指标位次分别上升7位、上升2位、上升6位；知识产权专项经费投入、知识产权副高级以上职称人数2项指标分别位居全省第12位、第6位，排名较2022年指标位次分别下降3位、下降2位；省级知识产权示范园区数、知识产权战略推进计划项目数2项指标指数均为0（表5-13）。

表 5-13 宿迁市知识产权实力分项指标指数

序号	指标	2023年		2022年	
		指数	排名	指数	排名
	知识产权实力指数	0.2646	13	0.3354	13
	知识产权创造	0.2888	13	0.2815	13
	数量	0.2599	13	0.2536	13
1	专利授权量	0.2883	11	0.2925	11
2	发明专利授权量	0.1921	13	0.1512	13
3	PCT国际专利申请量	0.0549	13	0.0630	13
4	商标注册量	0.5997	8	0.5325	9
5	地理标志商标数量	0.5053	9	0.5333	9
6	集成电路布图设计登记发证数量	0.1091	8	0.1200	10
	质量	0.2715	13	0.2421	13
7	发明专利授权量占比	0.3754	13	0.3312	13
8	发明专利授权率	0.5827	10	0.4846	13
9	高价值发明专利拥有量	0.0942	13	0.1120	13
10	专利获奖数量	—	—	—	—
	效率	0.3057	13	0.3088	13
11	每万人口发明专利拥有量	0.1500	13	0.1414	13
12	每百亿元GDP专利授权量	0.4476	11	0.5172	11
13	每十亿元GDP发明专利拥有量	0.1761	13	0.1615	13
14	每百亿元GDP高维持年限发明专利拥有量	0.1709	13	0.1429	13
15	万企有效注册商标企业数	0.5522	9	0.5645	8
16	每万户企业注册商标拥有量	0.6004	6	0.5913	8
	知识产权运用	0.1644	13	0.2434	13
	数量	0.1238	13	0.2814	12
17	专利实施许可合同备案量	0.0513	13	0.1019	12
18	专利实施许可合同备案涉及专利量	0.0238	13	0.5306	8
19	知识产权质押项目数	0.3282	11	0.3149	13

续表

序号	指标	2023年		2022年	
		指数	排名	指数	排名
20	知识产权技术合同成交数量	0.1200	13	0.1435	13
	效果	0.2320	13	0.1802	13
21	知识产权技术合同成交金额	0.0446	13	0.0524	13
22	专利质押融资金额	0.3202	13	0.2324	13
23	商标质押融资金额	0.2100	9	0.2006	11
	知识产权保护	0.2277	12	0.4519	9
	行政执法	0.1109	13	0.3630	11
24	专利侵权纠纷立案量	0.2769	12	0.3452	11
25	专利假冒案件立案量	—	—	0.6000	7
26	"正版正货"承诺企业数量	0.0400	13	0.0811	13
	维权援助	0.4224	10	0.6000	5
27	维权援助中心及分支机构数量	0.6286	5	0.6000	7
28	维权援助中心举报投诉受理量	0.1132	12	0.6000	7
	知识产权环境	0.3530	11	0.4188	12
	管理	0.2348	11	0.3615	12
29	知识产权专项经费投入	0.3893	12	0.4055	9
30	知识产权管理机构人员数	0.6000	6	0.3273	13
31	省级知识产权示范园区数	—	—	0.6000	7
32	知识产权贯标企业数量	0.5938	8	0.4577	10
33	知识产权战略推进计划项目数	—	—	0.2231	13
	服务	0.6243	8	0.5680	13
34	专利申请代理率	0.8689	3	0.5796	9
35	商标申请代理率	0.5914	10	0.5936	10
36	知识产权服务机构数量	0.3657	12	0.3657	12
	人才	0.3391	11	0.3900	8
37	通过全国专利代理师资格考试人数	0.0783	12	0.1800	12

续表

序号	指标	2023年		2022年	
		指数	排名	指数	排名
38	知识产权副高级以上职称人数	0.600 0	6	0.600 0	4

附　录

一、指标体系结构

本书采用统计综合评价方法对江苏省地区知识产权实力进行分析。江苏省知识产权实力指标体系见附表1。

附表1　江苏省知识产权实力指标体系

一级指标	二级指标	三级指标		
		序号	单位	指标
知识产权创造	数量	1	件	专利授权量
		2	件	发明专利授权量
		3	件	PCT国际专利申请量
		4	件	商标注册量
		5	件	地理标志商标数量
		6	件	集成电路布图设计登记发证数量
	质量	7	%	发明专利授权量占比
		8	%	发明专利授权率

续表

一级指标	二级指标	三级指标		
		序号	单位	指标
知识产权创造	质量	9	件	高价值发明专利拥有量
		10	项	专利获奖数量
	效率	11	件	每万人口发明专利拥有量
		12	件	每百亿元GDP专利授权量
		13	件	每十亿元GDP发明专利拥有量
		14	件	每百亿元GDP高维持年限发明专利拥有量
		15	家	万企有效注册商标企业数
		16	件	每万户企业注册商标拥有量
知识产权运用	数量	17	份	专利实施许可合同备案量
		18	件	专利实施许可合同备案涉及专利量
		19	个	知识产权质押项目数
		20	项	知识产权技术合同成交数量
	效果	21	亿元	知识产权技术合同成交金额
		22	亿元	专利质押融资金额
		23	亿元	商标质押融资金额
知识产权保护	行政执法	24	件	专利侵权纠纷立案量
		25	件	专利假冒案件立案量
		26	家	"正版正货"承诺企业数量
	维权援助	27	个	维权援助中心及分支机构数量
		28	件	维权援助中心举报投诉受理量
知识产权环境	管理	29	万元	知识产权专项经费投入
		30	人	知识产权管理机构人员数
		31	个	省级知识产权示范园区数
		32	家	知识产权贯标企业数量
		33	个	知识产权战略推进计划项目数
	服务	34	%	专利申请代理率

续表

一级指标	二级指标	三级指标		
		序号	单位	指标
知识产权环境	服务	35	%	商标申请代理率
		36	个	知识产权服务机构数量
	人才	37	人	通过全国专利代理师资格考试人数
		38	人	知识产权副高级以上职称人数

二、指标解释

（1）专利授权量：年度国内各类申请人的专利授权数量。

（2）发明专利授权量：年度国内各类申请人的发明专利授权数量。

（3）PCT 国际专利申请量：年度国家知识产权局受理的来自国内的 PCT 国际专利申请数量。

（4）商标注册量：年度国内各类申请人的商标注册核准件数。

（5）地理标志商标数量：截至 2023 年年末地理标志商标累计注册量。

（6）集成电路布图设计登记发证数量：年度集成电路布图设计登记发证的数量。

（7）发明专利授权量占比：年度发明专利授权量/年度三种专利（发明、实用新型、外观设计）授权量。

（8）发明专利授权率：近三年发明专利授权量/近三年发明专利申请量 ×100%。

（9）高价值发明专利拥有量：截至 2023 年年末本地区居民拥有的经国家知识产权局授权的符合重点产业发展方向、权利稳定或价值较高的有效发明专利数量。将符合以下任一方面要求的专利认定为高价值发明专利：①战略性新兴产业的有效发明专利；②在海外有同族专利权的有效发明专利；③维持年限超过10年的有效发明专利；④实现较高质押融资金额的有效发明专利；⑤获得国家科学技术奖、中国专利奖的有效发明专利。

（10）专利获奖数量：年度国家级和省级专利奖获奖数量的合计。

（11）每万人口发明专利拥有量：截至2023年年末有效发明专利数量/上一年度年末常住人口数量。

（12）每百亿元GDP专利授权量：截至2023年年末有效发明专利数量/上一年度年末GDP金额。

（13）每十亿元GDP发明专利拥有量：截至2023年年末有效发明专利数量/年度地区生产总值×10。

（14）每百亿元GDP高维持年限发明专利拥有量：截至2023年年末维持10年及以上发明专利数量/年度地区生产总值×100。

（15）万企有效注册商标企业数：截至2023年年末拥有有效注册商标的企业数/企业总数×10 000。

（16）每万户企业注册商标拥有量：截至2023年年末有效商标注册量/企业总数×10 000。

（17）专利实施许可合同备案量：年度经国家知识产权局备案的专利实施许可合同数量。

（18）专利实施许可合同备案涉及专利量：年度经国家知识产权局备案的专利实施许可合同涉及的专利数量。

（19）知识产权质押项目数：年度经国家知识产权局备案的知识产权质押合同数量。

（20）知识产权技术合同成交数量：年度技术市场成交的知识产权类型合同数量。

（21）知识产权技术合同成交金额：年度技术市场成交的知识产权类型

合同成交金额。

（22）专利质押融资金额：年度经国家知识产权局备案的专利质押合同融资金额。

（23）商标质押融资金额：年度经国家知识产权局商标局登记的商标专用权质押融资金额。

（24）专利侵权纠纷立案量：年度专利侵权纠纷立案数量。

（25）专利假冒案件立案量：年度查处假冒专利立案数量。

（26）"正版正货"承诺企业数量：截至2023年年末"正版正货"承诺企业数量。

（27）维权援助中心及分支机构数量：截至2023年年末维权援助中心及分支机构数量。

（28）维权援助中心举报投诉受理量：年度国家级知识产权维权援助中心移交举报投诉案件数量。

（29）知识产权专项经费投入：年度知识产权专项经费投入金额。

（30）知识产权管理机构人员数：截至2023年年末知识产权管理机构编制人员数量。

（31）省级知识产权示范园区数：截至2023年年末省级知识产权试点示范园区数量。

（32）知识产权贯标企业数量：2023年度《企业知识产权管理规范》贯标参加备案的企业数量。

（33）知识产权战略推进计划项目数：截至2023年年末企业知识产权战略推进计划项目累计数量。

（34）专利申请代理率：2023年度专利申请代理量/年度专利申请量×100%。

（35）商标申请代理率：2023年度商标申请代理量/年度商标申请量×100%。

（36）知识产权服务机构数量：2023年度实际开展专利申请代理业务或商标申请代理业务的机构数量。

（37）通过全国专利代理师资格考试人数：2023年度南京考点和苏州考点全国专利代理人资格考试合格人数的合计。

（38）知识产权副高级以上职称人数：截至2023年年末江苏省知识产权副高级以上职称人数。